CHRÉTIENNES

ET FRANÇAISES

Gr. in-8° 2e série.

MARIE-ANTOINETTE

CHRÉTIENNES
ET FRANÇAISES

MARGUERITE DE LORRAINE — Mme DE MIRAMION
Mme CAMPAN — Mme DE GENLIS — Mme DE LAFAYETTE
Mme DE MONTAGU — Mme DE LAMARTINE

PAR MARIE PIERRE

Ouvrage illustré de gravures.

PARIS
rue des Saints-Pères, 30
J. LEFORT, IMPRIMEUR, ÉDITEUR
rue Charles de Muyssart, 24
LILLE

MARGUERITE DE LORRAINE

Le nom de Marguerite, qui signifie *perle* et *fleur*, convient admirablement à la femme, et surtout à la femme née au sein des grandeurs et sur les marches du trône; aussi a-t-il été porté par un grand nombre de princesses; beaucoup d'entre elles ont été en effet de charmantes fleurs, de précieuses perles par leur beauté, leur grâce, leurs talents ou leurs vertus. Notre France peut s'enorgueillir de ses Marguerite, nous choisirons aujourd'hui une des moins connues, Marguerite de Lorraine, duchesse d'Alençon et bisaïeule de Henri IV.

Marguerite naquit en 1463, au château de Vaudemont, en Lorraine; sa mère Yolande était fille de René d'Anjou, *le bon roi René*, ainsi que l'appellent tous les historiens du temps; son père, Ferri de Vaudemont, appartenait à la famille souveraine de Lorraine. A l'âge de dix ans, la jeune princesse perdit sa mère et fut confiée à son aïeul René qui, à cette époque (1473), se retira dans la ville d'Aix, capitale du comté de Provence dont il avait hérité de son frère aîné, Louis III d'Anjou.

Ce bon prince ressentait pour sa petite-fille une vive tendresse que l'aimable caractère, les heureuses dispositions de Marguerite ne pouvaient que fortifier. Il avait confié le soin de son éducation à plusieurs dames de la Cour, également distinguées et par leur savoir et par leur piété; lui-même se plaisait à faire réciter les prières à sa chère enfant et à communiquer à cette jeune âme quelque peu de cette dévotion ardente et expansive qui était dans le caractère du bon roi.

Chacun admirait l'amour que, dans un âge aussi tendre, elle annonçait pour la vertu, et le goût qu'en toute occasion elle montrait pour la piété et les pompes de notre culte. La vie des Saints et spécialement des anachorètes, des solitaires de la Thébaïde, la ravissait et enflammait son imagination; à l'âge où les autres enfants ne recherchent et ne goûtent que le merveilleux des contes et des fictions, nulle distraction n'avait pour elle autant de charme qu'une heure de lecture dans son livre favori.

Afin d'exciter l'émulation de sa petite-fille et aussi pour la distraire, le roi René lui donna comme compagnes d'études et de jeux, quatre jeunes filles appartenant aux plus illustres familles de Provence. La jeune princesse ne tarda pas à leur faire partager sa prédilection pour les pieux cénobites des premiers temps de l'Église; aussi décidèrent-elles d'un commun accord de renoncer au monde et de chercher quelque retraite bien profonde, afin d'y mener la vie grave et mortifiée des ermites de la Thébaïde.

Un jour, leur gouvernante les conduisit se promener dans le parc d'un château situé près d'Aix, et, nous ne savons pour quel motif, elle fut obligée de les laisser seules un instant. Les fillettes profitèrent de cette absence et, quittant à la hâte la grande allée où elles étaient, elles s'engagèrent dans un sentier couvert qui les éloignait du château. Elles marchèrent ainsi un peu de temps; les arbres élevés et touffus formaient comme un dôme de verdure au-dessus de leurs têtes; les bruits de la campagne n'arrivaient plus que faiblement à leurs oreilles; les oiseaux gazouillant et voletant de branche en branche semblaient leur souhaiter la bienvenue, et la mousse qui s'étendait à leurs pieds, ainsi qu'un tapis de velours, leur offrait un charmant lieu de repos.

Loin de s'effrayer du calme et du silence qui les environnaient, les cinq amies en furent enchantées, et elles ne doutèrent pas d'avoir atteint enfin une de ces retraites fortunées où leur imagination plaçait les pieux solitaires, objet de leur culte spécial. Elles résolurent donc de s'établir là et d'y finir leurs jours, en s'occupant à prier Dieu et à chanter ses louanges. Les baies sauvages serviraient à leur nourriture, l'eau d'un ruisseau, qu'on ententendait murmurer non loin de là, étancherait leur soif; qu'avaient-elles besoin d'autre chose, et en fallait-il davantage à ces hommes de prière et de pénitence qu'elles brûlaient d'imiter?...

Lorsque la gouvernante revint et qu'elle ne trouva plus ni Marguerite, ni ses compagnes, elle fut saisie d'une inquiétude extrême; vainement fit-elle retentir le parc de ses appels réitérés, les jeunes filles étaient déjà trop loin pour l'entendre. Elle donna des ordres et le bois fut parcouru en tous sens; après plusieurs heures d'angoisse, on retrouva les fugitives paisiblement occupées à psalmodier des prières. Elles furent grandement marries d'être ramenées au château, et elles déplorèrent avec amertume l'obligation où elles étaient de retourner au milieu du monde qu'elles avaient espéré quitter sans retour.

Cette démarche de la jeune princesse n'était qu'un enfantillage et le résultat d'une imagination surexcitée, néanmoins on y découvre comme le point de départ, l'indice premier de ce dégoût des plaisirs terrestres, des joies humaines qui, plus tard, devait envahir son âme tout entière et la conduire dans les voies d'une si haute perfection.

Le bon roi René se réjouit fort de cette petite aventure; il aimait à voir sa fille chérie animée des sentiments de piété qui remplissaient son cœur à lui-même. Toutefois, comme il ne la destinait point au cloître, il s'efforça de modifier un peu ce penchant à la retraite : il lui fit donner une éducation forte et éclairée qui tout en laissant, ainsi qu'il convient, la première place à l'enseignement religieux, ouvrait à son esprit d'autres horizons et la préparait aux grandeurs futures que sa haute naissance faisait présager.

La jeune Marguerite avait à peine dix-sept ans lorsqu'elle perdit cet aïeul qui la chérissait si tendrement; elle dut quitter la cour d'Aix si brillante, si polie; dire adieu à ces processions splendides, à toutes ces solennités religieuses que le bon roi se plaisait à honorer de sa présence et à soutenir de ses largesses. On peut dire que ce départ marquait pour la princesse la fin de son bonheur terrestre; sans doute, elle connut plus tard les joies austères du renoncement et du sacrifice, les merveilleuses consolations que Dieu dispense à qui se donne entièrement à Lui, mais la période des félicités humaines était close pour elle; dorénavant, la vie n'allait plus lui offrir que des devoirs souvent pénibles et des peines sans nombre.

La jeune orpheline fut conduite en Lorraine près de son frère, le duc René, alors âgé de vingt-trois ans. Ce dernier avait eu plus d'une lutte à soutenir pour s'assurer la possession de la couronne ducale, et chaque jour lui suscitait de nouveaux ennemis à combattre. La Lorraine épuisée par des guerres récentes, troublée par des dissensions continuelles, était loin de présenter l'aspect riant et paisible de la Provence ensoleillée; la princesse dut souffrir d'un contraste si marqué, d'un changement si complet dans ses habitudes et ses relations. Son frère « homme hardi plus qu'homme de cour » dit un historien du temps, se montra très bon pour elle; il lui fournissait généreusement ce dont elle avait besoin pour ses aumônes et lui laissait liberté pleine et entière dans l'accomplissement de ses exercices de piété.

Quoique Marguerite vécût très retirée, partageant son temps entre la prière et les bonnes œuvres, une personne de son rang et de son âge ne pouvait rester ignorée, d'autant moins qu'elle joignait aux dons de l'esprit et du cœur une beauté vraiment accomplie. De hauts personnages briguèrent l'honneur d'aspirer à sa main, mais elle se sentait peu de goût pour le mariage, et elle continua sa vie de retraite, attendant que la volonté de Dieu en elle se manifestât d'une façon positive.

René de Lorraine, ayant à se faire restituer le Barrois que le roi Louis XI s'était approprié, séjourna plusieurs années à la cour de France; là, il eut de fréquents rapports avec son cousin le duc d'Alençon, et il forma le projet d'unir sa sœur à ce dernier et de se ménager, au moyen de cette alliance, un protecteur puissant et zélé auprès de Charles VIII. Les négociations de ce mariage durèrent quatre ans.

René d'Alençon avait environ quarante-cinq ans; sous le règne précédent et malgré la révolte de son père, le duc Jean, il était en possession de la faveur royale, et lieutenant général de la Basse Normandie; plus tard, Louis XI lui rendit une partie des domaines de la maison d'Alençon et le nomma comte du Perche, seulement il exigea de son vassal le serment de ne prendre femme qu'avec le consentement royal. Quand le duc voulut contracter certaines alliances qui lui paraissaient avantageuses, Louis XI s'y opposa chaque fois. Irrité de ce mauvais vouloir systématique, le duc se révolta et fut mis en prison. Charles VIII, aussitôt son avènement au trône, lui rendit la liberté et le rétablit dans tous ses titres et dignités.

Bien qu'il eût été élevé par une mère d'une piété admirable, Marie d'Armagnac, qui mourut saintement à Mortagne, le duc René s'était lancé dans tous les excès d'une vie déréglée ; les historiens de l'époque racontent que, les seigneurs de son entourage imitant ses déportements, le château d'Alençon devint un lieu d'effroi pour toute la contrée.

Marguerite connaissait en partie la conduite peu édifiante de celui qu'on lui destinait pour époux, mais elle savait également que les princesses doivent souvent sacrifier leurs inclinations à la raison d'État. Après avoir beaucoup prié, avoir répandu d'abondantes aumônes dans le sein des pauvres, elle donna son consentement à l'union projetée, sans joie, comme sans répugnance, convaincue qu'elle accomplissait de la sorte les desseins de la divine Providence. Lorsque les préliminaires du mariage furent terminés, la princesse Marguerite fut conduite en France avec la pompe due à sa naissance, et de grands honneurs lui furent rendus. Son fiancé qui ne l'avait jamais vue, demeura ébloui et charmé de la beauté de sa future compagne, ainsi que des agréments de son esprit qui dépassaient ce que la renommée lui en avait appris.

Le mariage eut lieu au commencement de l'été 1488 et on y déploya toutes les somptuosités du temps; le roi l'honora de sa présence, et des fêtes magnifiques, de brillants tournois terminèrent la cérémonie. L'épouse se montra affable envers tous et bonne pour son époux ; elle voulait, à l'exemple de la sainte duchesse de Thuringe, Élisabeth, qui lui était alliée du côté maternel et pour qui elle ressentait une profonde vénération, accomplir avec amour et une parfaite obéissance les nouveaux devoirs qui lui étaient imposés.

Les deux époux se rendirent ensuite dans leurs domaines où ils étaient impatiemment attendus : les habitants avaient ouï parler de la piété et des grandes vertus de la duchesse, et ils espéraient que sa venue serait pour la contrée le commencement d'une ère de prospérité qui les dédommagerait des maux soufferts les années précédentes. Cette attente ne fut point trompée: Marguerite, tout en continuant les exercices de dévotion qui lui étaient habituels, s'occupa avec un zèle intelligent de tout ce qui pouvait contribuer au bien moral et physique de ses vassaux. Elle fit cesser différents abus qui s'étaient introduits durant les trop fréquentes absences du duc René; elle entreprit d'utiles réformes et mit tous ses soins à obtenir bonne et prompte justice pour tous. Sous ce rapport, les pauvres et les petits selon le monde avaient un droit particulier à sa sollicitude, et elle ne négligeait rien afin de les servir et de les protéger en mainte occasion. Elle s'employa également au maintien de la discipline et de la bonne harmonie parmi le clergé du diocèse, et les communautés religieuses eurent en elle un ferme appui.

Si l'administration extérieure attira son attention, elle ne négligea pas non plus le gouvernement intérieur, elle voulait que les personnes qui étaient au service du duc ou à son propre service, eussent une conduite régulière, et insensiblement, par l'ascendant qu'exerce la vertu réelle, plus que par ses conseils et ses exhortations, elle fit régner dans cette cour jadis si licencieuse, la décence et les bonnes mœurs. Elle sut gagner promptement l'amour et la confiance de son époux, grâce à l'affection respectueuse qu'elle lui témoignait, et à l'humeur douce et agréable dont elle ne se départait jamais.

Le duc et la duchesse d'Alençon passèrent de la sorte une année environ, occupés à remplir les graves obligations de leur position, puis ils retournèrent à Paris. Peu après son arrivée dans cette ville, la duchesse eut un fils que le roi Charles VIII voulut tenir lui-même sur les fonts baptismaux, et auquel il donna son nom; la marraine, également illustre par sa naissance, était Jeanne de Vendôme, veuve du duc de Bourbon. Pendant ce séjour à la cour de France, Marguerite goûta une grande consolation que son âme si chrétienne était faite pour apprécier à sa juste valeur : elle accompagna son époux au château de Plessis-lès-Tours, et elle eut le bonheur d'y voir plusieurs fois et d'entretenir fréquemment saint François de Paule, le pieux ermite de la Calabre, qui avait reçu le dernier soupir du roi Louis XI. Jusqu'à la mort du saint (1507), elle resta en relations suivies avec lui; il est permis de penser que les instructions et les conseils de l'illustre serviteur de Dieu eurent une influence considérable, sinon décisive, sur l'avenir et les résolutions de la duchesse d'Alençon et l'aidèrent puissamment à atteindre le haut degré de perfection auquel nous la verrons parvenir.

Outre son fils, la duchesse donna deux filles à son mari, les princesses Françoise et Anne. Quelques mois seulement après la naissance de cette dernière, le duc René tomba dangereusement malade, et les médecins déclarèrent presque aussitôt qu'il n'y avait nul espoir de guérison. Quand le mourant connut cet arrêt, il s'occupa de régler ses affaires spirituelles et temporelles. Il reçut l'Extrême-Onction des mains de Gilles de Laval, évêque de Séez et du cardinal de Luxembourg, évêque du Mans; en présence des deux prélats, il pria la duchesse, son épouse, d'acquitter, si faire se pouvait, les dettes de la maison d'Alençon, dettes contractées en partie par le feu duc, et d'achever les œuvres de piété et de charité qu'ils avaient commencées ensemble. Marguerite n'hésita pas à faire la promesse qui lui était demandée, malgré les difficultés qu'elle entrevoyait, et le duc René, le 1er novembre 1492, entra dans son éternité.

La duchesse d'Alençon n'avait pas encore accompli sa trentième année lorsqu'elle demeura seule, sans appui, à la tête d'un gouvernement important, ayant en outre à diriger l'éducation de trois enfants, dont l'aîné ne comptait que trois printemps; sa profonde et solide piété l'empêcha seule de succomber sous le poids de son affliction et la maintint à la hauteur de la lourde tâche qui lui incombait. Son énergie et sa force d'âme ne faillirent point un instant; seulement son mépris des choses créées, son détachement des affections humaines s'accentua davantage. « Oh! disait-elle à ses femmes, qui jamais se fiera au monde? que ses honneurs et ses plaisirs sont de courte durée! Hélas! que n'ai-je offert mon cœur et donné mon amour au seul prince qui est immortel! »

Les funérailles du duc se prolongèrent pendant huit jours et furent célébrées avec une magnificence inouïe. Marguerite lui fit élever un superbe mausolée; ce monument, véritable œuvre d'art, fut détruit par les Vandales de 1793.

Dès que le roi de France eut appris la mort du duc

d'Alençon, il envoya le comte de Lonray porter ses compliments de condoléance et ceux de la reine Anne à la duchesse Marguerite, en l'assurant de sa protection et de son appui. Charles VIII était en effet très bien disposé à l'égard de la jeune veuve ; mais il y avait à la cour de France des seigneurs ambitieux qui désiraient vivement être chargés de l'administration des domaines du feu duc. Ils représentèrent donc au roi que la duchesse était bien jeune, bien inexpérimentée pour qu'on lui confiât la tutelle de ses enfants, que d'ailleurs sa dévotion si connue donnait à craindre qu'elle ne les formât plutôt pour le cloître que pour le monde, et qu'il était à redouter que, sous une telle direction, le prince Charles devînt plus habile à réciter des patenôtres qu'au métier des armes. Charles VIII se sentit quelque peu ébranlé par ces insinuations perfides, et peut-être y aurait-il cédé, si la duchesse, avertie de ce qui se tramait contre elle, ne se fût transportée en toute hâte à Paris.

La réception que tout d'abord elle reçut n'était pas de nature à l'encourager, et elle vit de suite que la majeure partie des grands lui était hostile, mais elle avait dans la reine Anne une chaude protectrice, et dans le duc d'Orléans un ami dévoué. L'influence de ces éminents personnages, les justes représentations de la jeune veuve qui plaida sa cause avec autant de douceur que de fermeté, triomphèrent de l'hésitation du monarque : la tutelle des trois enfants et l'administration de leurs biens demeurèrent confiées à la duchesse par lettres patentes données en 1492 et confirmées par le Parlement en 1496.

La reine Anne qui avait Marguerite en grande amitié, se chargea de lui faire comprendre que l'intérêt de ses enfants exigeait qu'elle les présentât souvent à la cour, afin de les mettre en rapport avec les personnes de leur rang, de leur naissance, et aussi pour parfaire leur éducation qui ne pouvait que s'ébaucher en province. La duchesse reconnut la justesse des conseils qui lui étaient donnés, elle promit d'agir en conséquence et de surmonter, par amour maternel, les répugnances extrêmes qu'elle ressentait pour les fêtes et les assemblées mondaines.

Chaque année, jusqu'au mariage de son fils, elle fit à la cour de France un séjour assez prolongé. Elle ne renonça pour cela ni à son deuil, ni à la simplicité qu'elle s'était imposée à la suite de son veuvage; elle garda ses vêtements de laine et de crêpe, et jamais, dans aucune solennité, on ne la vit porter les brocards et les riches étoffes de soie, alors en usage parmi les dames admises à la cour. Si, le soir, elle paraissait aux cercles du roi ou de la reine, elle y avait une contenance digne, un peu sévère même; aussi jamais on ne se permit en sa présence, ces conversations libres, ces propos d'une gaieté un peu trop gauloise qui, à cette époque, étaient assez de mode; devant cette jeune femme qui portait sur son front la double majesté de la vertu et du malheur, les seigneurs les plus dissolus n'osaient rien articuler qui ne fût suivant les règles de la bienséance et de la charité.

De retour à Alençon, la duchesse redoubla de zèle et de vigilance dans son gouvernement; afin de se rendre compte par elle-même des besoins de ses vassaux et des réformes à établir, elle voulut visiter les principales villes de ses domaines. Elle mit à profit ce voyage pour satisfaire également sa piété, en s'arrêtant aux lieux de pèlerinage qui se trouvaient sur sa route et aux endroits sanctifiés jadis par les serviteurs de Dieu. C'est ainsi que non loin de Domfront, elle trouva les précieux souvenirs de saint Front et de saint Bomer qui évangélisèrent, vers le VIIe siècle, cette partie de la Normandie; à Bellême, elle alla prier sur le tombeau du saint ermite Léonard; à quelque distance de Séez, elle vénéra les restes sacrés des frères martyrs Raven et Rasiphe, et près d'Argentan, les tombeaux de saint Godegrand et de sa digne sœur sainte Opportune.

L'éducation de ses enfants excitait aussi toute sa sollicitude et prenait une grande partie de son temps; sachant que dans une cour, si réglée soit-elle, il se glisse toujours une sorte d'élément morbide, d'influence délétère, elle voulut, en mère sage et prudente, soustraire ses chers pupilles à ce danger. Elle fit donc reconstruire le château de Mauves dans la vallée de l'Huisne, à deux lieues de Mortagne, et elle passa la presque totalité des années consacrées à l'éducation de ses enfants, dans cette charmante résidence qu'elle se plut à embellir.

Afin d'obéir aux derniers vœux de son époux, et de pouvoir acquitter les charges énormes qui pesaient sur ses biens, elle établit un ordre admirable dans toute sa maison, veillant à ce qu'aucune somptuosité superflue ne s'y introduisît, et interdisant sévèrement toute dépense exagérée. Ce n'était pas sans raison qu'elle agissait de la sorte, car il lui fallait faire face aux frais considérables que nécessitaient ses séjours annuels à la cour de France, et pour rien au monde elle n'eût consenti à diminuer les aumônes qu'elle était dans l'habitude de distribuer.

C'était avec une perfection croissante qu'elle accomplissait ses devoirs religieux, assistant comme une simple particulière à la grand'messe et aux autres offices. La plupart du temps, elle se rendait à l'église Saint-Léonard qui se trouvait proche du château; mais aux grandes solennités et quand il y avait quelque sermon extraordinaire, elle allait à Notre-Dame, sa paroisse. Plusieurs fois on la vit, humblement confondue dans la foule, suivre la procession. En 1501, lorsque par ses soins, un monastère de Clarisses fut définitivement installé dans sa ville ducale, elle aimait à s'y rendre fréquemment. Au milieu des pieuses filles de saint François et de sainte Claire, elle se délassait des fatigues de l'étiquette et des soucis du gouvernement.

A la mort de Charles VIII, en 1498, la duchesse se transporta à Paris afin de porter quelques paroles de consolation à la reine Anne et aussi pour féliciter un de ses protecteurs les plus zélés, le duc d'Orléans, que cet événement appelait au trône.

Le nouveau monarque l'accueillit avec des marques de la plus grande vénération, et il voulut que Charles d'Alençon, en dépit de sa jeunesse (il n'avait que neuf ans), assistât à son sacre, ainsi qu'aux fêtes qui eurent lieu lors de son entrée solennelle à Paris. Le séjour de la duchesse dans la capitale se prolongea plus que de coutume et dura jusqu'au commencement de l'année, car elle prit part aux réjouissances qui accompagnèrent le mariage de Louis XII avec Anne de Bretagne, veuve de Charles VIII.

Avant de reprendre le chemin de sa province, la duchesse voulut remplir un dernier devoir, devoir douloureux sans doute, mais plus en harmonie avec ses pensées habituelles que les spectacles mondains des jours précédents : elle alla visiter la reine répudiée, la douce Jeanne de France. Ces deux princesses, déprises l'une et l'autre des félicités et des affections terrestres, durent sympathiser à merveille; lorsque Marguerite entendit sa royale amie lui faire part de la résolution ferme et arrêtée où elle était de se consacrer uniquement à Dieu, elle aussi lui apprit qu'elle nourrissait un dessein semblable, et qu'elle espérait, après avoir pourvu à l'établissement de ses enfants, finir ses jours dans une de ces saintes maisons ouvertes aux cœurs souffrants et désabusés.

En 1507, Charles d'Alençon fit ses premières armes et accompagna Louis XII qui se rendait en Italie pour combattre les Gênois révoltés. Deux ans plus tard, nous le retrouvons à la mémorable bataille d'Agnadel; on croit que ce jour-là, il reçut les honneurs de la chevalerie. Il revint sain et sauf de cette campagne, et sa pieuse mère, dans l'élan de sa reconnaissance envers la bonté divine, ne se contenta pas de la cérémonie d'action de grâces qui eut lieu à Notre-Dame d'Alençon, elle voulut en outre qu'un *Te Deum* fût chanté dans toutes les églises du diocèse.

A cette époque, la duchesse s'occupait d'un projet de mariage pour ce fils chéri; plusieurs années auparavant, une tentative de ce genre avait échoué. Elle fut plus heureuse cette fois, et Charles fut fiancé à Marguerite, fille de Louise de Savoie, et sœur de François d'Angoulême. Cette princesse, aussi célèbre par sa rare beauté que par son esprit supérieur, est connue dans l'histoire sous le nom de Marguerite de Navarre, parce que, étant devenue veuve, elle épousa Charles d'Albret, roi de Navarre. Le mariage de Charles d'Alençon eut lieu à Blois; le roi, la reine, un grand nombre de prélats et de seigneurs y assistèrent, et les fêtes les plus brillantes furent données à cette occasion.

Louis XII voulut aussi que les filles de la duchesse Marguerite fussent établies suivant leur naissance : Françoise, l'aînée, épousa François d'Orléans, duc de Longueville; Anne la cadette, Guillaume Paléologue, marquis de Montferrat.

Marguerite, après avoir dit adieu à ses filles, dont l'une, la marquise de Montferrat, suivait son époux en Italie, revint à Alençon avec son fils et sa belle-fille. Elle demeura quelque temps avec eux, s'occupant d'œuvres de piété et de charité;

mais désirant mûrir dans la solitude le dessein qu'elle avait formé de se donner entièrement à Dieu, elle se retira au château d'Essai, qui faisait partie de son domaine.

L'amour de prédilection qu'elle avait toujours ressenti pour les pauvres, ces membres souffrants du Sauveur, prit un nouvel accroissement à la suite d'une vision dont elle fut favorisée. Il lui sembla que Notre-Seigneur se présentait devant elle, et lui donnait comme un avant-goût du ciel; après qu'elle eût savouré un peu de temps les ineffables douceurs dont elle était inondée, Notre-Seigneur lui dit :

— Ma fille, il faut maintenant que tu retournes dans le monde.

— Quoi! mon Jésus, reprit la sainte princesse tout en larmes, serai-je donc encore exposée à l'affreux malheur de vous offenser?

— Ne crains rien, ma fille, si je veux que tu passes derechef quelques années sur la terre, c'est afin de prendre soin de mes frères, les pauvres. »

Depuis ce songe merveilleux, Marguerite envisagea le soulagement des malheureux, comme le but presque exclusif de son existence, et sa charité n'eut plus de bornes. Aucun genre d'infirmités n'échappait à sa clairvoyance, et si les misères corporelles excitaient sa compassion, l'esprit de foi dont elle était animée la rendait encore plus empressée à venir en aide aux infirmités spirituelles.

A la vie active de Marthe, elle savait joindre la vie contemplative de Marie; elle faisait longuement l'oraison, récitait les heures canoniales, et chaque nuit, même au milieu des hivers les plus rigoureux, elle se relevait vers minuit, pour prier et psalmodier. Ses méditations avaient habituellement la Passion du Sauveur pour objet; afin de mieux honorer cet ineffable mystère, elle macérait son corps, et se livrait aux plus grandes austérités. Elle portait toujours une croix garnie de pointes acérées, et de temps en temps elle pressait ses mains sur sa poitrine afin de faire entrer les pointes dans sa chair délicate. Les gens de sa maison s'apercevant que les mortifications auxquelles leur chère maîtresse se livrait avec une si vive ardeur, l'affaiblissaient de jour en jour, avertirent ses enfants. Les représentations et les prières de ceux-ci demeurèrent infructueuses; il fallut l'autorité de l'évêque de Séez et du confesseur de la duchesse, pour la décider à modérer ce zèle excessif qui eût détruit sa santé.

Elle établit à Mortagne une communauté de religieuses de Sainte-Élisabeth, auxquelles elle confia la direction de l'hospice. Chaque jour elle venait aider les sœurs dans l'accomplissement de leur pénible tâche ; elle pansait les malades, nettoyait leurs plaies et la plupart du temps elle leur rendait ce service à genoux. Les maladies contagieuses mêmes ne pouvaient arrêter son héroïque charité. Plusieurs fois elle soigna de ses propres mains des personnes atteintes de cancers affreux et d'ulcères dégoûtants. Un Vendredi-Saint, elle rencontra une femme atteinte de la lèpre, son premier mouvement fut de s'éloigner, mais se ressouvenant aussitôt du douloureux anniversaire que l'Église célébrait en ce jour, elle se rapprocha de l'infortunée, lui adressa quelques paroles en lui remettant une aumône, et afin de vaincre sa délicatesse, elle ne la quitta qu'après l'avoir baisée affectueusement. Les villes de Séez, d'Argentan, de Château-Gontier qui lui appartenaient furent témoins plusieurs fois d'actes aussi admirables.

La maison que la duchesse occupait à Mortagne, communiquait avec le monastère de Sainte-Élisabeth où elle passait la majeure partie de son temps ; elle suivait la règle des Sœurs, voulant, comme la plus petite d'entre elles, remplir les emplois infimes de la maison : elle balayait les appartements, lavait la vaisselle, etc. L'exercice lui ayant été ordonné par les médecins, elle se soumit à leurs prescriptions ; mais tout en se promenant, elle tricotait des chaussettes pour les indigents, car elle tenait à n'être jamais oisive. Cette vie de mortifications et de prières ne satisfaisait point encore sa piété et ne répondait pas complètement à ses aspirations : elle avait hâte d'offrir à Dieu un sacrifice plus parfait. Elle pensait sérieusement à fonder un Ordre se rapprochant un peu des Sœurs de Sainte-Claire, mais avec quelques adoucissements à la règle primitive ; à cet effet, elle fit auprès du Saint-Siège les démarches nécessaires.

Avant de rompre définitivement avec le monde, et de devenir une humble religieuse cachée à tous les yeux, la duchesse Marguerite devait paraître deux fois encore avec l'éclat de sa naissance et de son rang. En 1516 ou 1518, elle accompagna son fils et sa belle-fille à Argentan, pour y recevoir le roi François Ier; elle prit part aux fêtes magnifiques et aux réjouissances qui eurent lieu dans cette mémorable circonstance. Un peu plus tard, elle se rendit à Paris, escortée de son fils, afin de prendre congé de ce monarque qui, en mainte occasion, lui avait donné des preuves non équivoques de sa royale protection. François Ier, à l'exemple de ses deux prédécesseurs, accueillit la noble visiteuse avec les marques de la plus haute distinction; quand elle prit congé de lui, il recommanda le royaume à ses prières.

Après des essais infructueux, des contradictions, des obstacles de tout genre, la duchesse put enfin espérer qu'elle mènerait à bien la fondation qu'elle avait si fort à cœur. Elle fit à Argentan l'acquisition d'un vaste emplacement pour y bâtir le monastère; elle avait choisi cette ville plutôt qu'Alençon, à cause de son air pur et de sa salubrité. En attendant que les bâtiments fussent prêts, elle se retira, suivie du tiers ordre de Sainte-Élisabeth, au château d'Argentan qui faisait partie de son douaire.

Au mois d'août 1519, dans la chapelle du château, dédiée à saint Nicolas, en présence de Jacques de Silly, évêque de Séez, de son fils Charles d'Alençon, de sa belle-fille, d'un grand nombre de seigneurs, de nobles dames, Marguerite reçut, avec une joie indicible, l'habit religieux, des mains du R. P. Gabriel Marian.

Elle avait toujours souhaité suivre la règle des Clarisses, mais ses enfants la supplièrent de renoncer à ce projet, à cause des rigueurs en usage dans les monastères de cet ordre; d'autres personnes, même des ecclésiastiques éminents lui firent des représentations analogues. Alors elle se décida à demander pour la maison d'Argentan, des constitutions mitigées. Peu après sa prise d'habit, elle reçut les nouveaux statuts rédigés par le Chapitre provincial des Cordeliers. Aussitôt, on les expédia à Rome pour avoir l'approbation du Souverain Pontife.

Tout en menant la vie d'une véritable novice franciscaine, Marguerite continua les rapports affectueux qu'elle avait toujours eus avec ses enfants : le duc et la duchesse d'Alençon lui rendaient de fréquentes visites, ainsi que Françoise, sa fille aînée. Cette dernière, devenue veuve, avait épousé, en 1512, le duc de Vendôme qui, plus tard, devint, par la mort de son oncle le connétable, chef de la maison royale de Bourbon. Plusieurs fois, le duc de Vendôme accompagna son épouse à Argentan, un motif particulier les y attirait : ils avaient confié aux soins éclairés de leur mère vénérée, une de leurs filles à peine âgée de quatre ans. Dans une de leurs visites, ils amenèrent leur fils Antoine, celui-là même qui fut père de Henri IV. La duchesse Marguerite qui regrettait amèrement que Charles d'Alençon n'eût point de postérité, accueillit le jeune Antoine avec joie, et durant qu'il resta près d'elle, toujours elle lui témoigna la plus vive tendresse.

Le samedi, 11 août de l'année 1520, Marguerite prit possession du monastère d'Argentan, qui n'était pas complètement achevé, mais dont une partie était habitable. Les bâtiments étaient vastes et bien aménagés; la chapelle surtout avait été l'objet d'un soin tout spécial : il y avait soixante-neuf cellules pour les dames de chœur et des dortoirs pour les sœurs converses.

Douze religieuses firent profession en même temps que la sainte duchesse, mais celle-ci déclara qu'ayant été engagée dans les liens du mariage, elle ne se trouvait pas aussi digne que ses compagnes d'être toute à Dieu, et elle voulut prononcer ses vœux la dernière. Avant cette démarche décisive, elle adressa de touchants adieux à son fils et à sa belle-fille; elle leur recommanda ses anciens serviteurs et la communauté qu'elle venait de fonder. Charles d'Alençon, très ému, mit un genou en terre devant sa mère, l'assura qu'il n'oublierait aucune de ses recommandations, ensuite il la conjura de ne pas établir une barrière infranchissable entre elle et ses enfants, et de permettre qu'ils la visitassent au moins deux fois l'an. Vivement touchée par une telle demande, Marguerite y accéda sous la condition expresse que le Souverain Pontife accorderait les dispenses nécessaires.

Le jour de sa profession, on remarquait une nombreuse assistance; toute la noblesse de la province était accourue, afin d'admirer le spectacle d'un si prodigieux détachement et d'une si grande immolation. A l'issue de la cérémonie, le duc et la duchesse accompagnèrent l'évêque de Séez et le Révérend Père Provincial qui conduisirent la nouvelle professe à la pauvre cellule qui désormais devait être sa demeure. Tous avaient des larmes dans les yeux, la sœur Marguerite — elle n'avait pas voulu d'autre nom — était seule rayonnante, et l'allégresse la plus vive éclatait dans toute sa personne. Malgré le désir de ses enfants, les instances réitérées des religieuses, elle refusa nettement de gouverner la maison en qualité d'abbesse, alléguant qu'elle avait été souveraine assez longtemps, et qu'aujourd'hui, elle désirait demeurer sujette.

Il est superflu de dire que la nouvelle religieuse accomplit avec une perfection admirable et une régularité exemplaire les obligations de la vie monastique; son humilité, son obéissance, son détachement faisaient l'édification des sœurs. A son tour, elle remplissait les emplois les plus vils de la maison, et elle n'était jamais si heureuse qu'à la cuisine ou au réfectoire, nettoyant les écuelles ou servant les religieuses. Elle exigea formellement que rien ne la distinguât de ses compagnes, ni dans sa cellule, ni dans ses vêtements.

Un jour, l'abbesse lui présenta une robe d'une étoffe plus fine que celle qui était employée à l'ordinaire, la pieuse princesse en témoigna un déplaisir si violent que le vêtement fut donné à une autre sœur.

Par suite du régime austère qu'elle pratiquait, sa santé s'altéra d'une façon inquiétante. Les médecins consultés déclarèrent que la vie sédentaire du cloître lui était très nuisible, que pour se rétablir, il lui fallait un air plus pur et un exercice modéré. La fervente religieuse se retranchant dans le vœu de clôture qu'elle avait prononcé, ne voulut point consentir à quitter sa chère cellule; aux prières de ses enfants, aux supplications des sœurs, elle se bornait à répliquer : « Pour une religieuse, il est nécessaire d'obéir, mais » il n'est pas du tout nécessaire de vivre. »

Ses supérieurs ecclésiastiques désespérant de vaincre une si noble résistance, lui ordonnèrent, pour les besoins de l'ordre, de se rendre dans la ville de Laval. Il s'agissait alors d'obéir, sœur Marguerite n'hésita plus, et se mit en route immédiatement. Afin de ménager ses forces, elle s'arrêta d'abord à Séez, ensuite à Alençon, où elle descendit au couvent de l'*Ave Maria*, qu'elle avait toujours affectionné. Elle y demeura plusieurs mois, car l'hydropisie de poitrine dont elle était atteinte fit de si rapides progrès qu'elle ne put continuer son voyage. Le repos et les bons soins dont on l'entoura lui rendirent quelques forces; elle en profita pour gagner Mortagne où elle reçut la profession des Sœurs de Sainte-Élisabeth, qui souhaitaient embrasser la règle de sainte Claire modifiée. Malgré sa faiblesse, elle voulut aller à l'hôpital visiter « ses seigneurs les pauvres » et aidée de notables de la ville, elle donna de nouveaux règlements qui tous avaient pour but le soulagement et le bien-être des malades. Elle décida ensuite de partir et de rentrer à sa chère communauté. « Jamais, disait-elle à ceux qui essayaient de la retenir, je ne serai à l'aise jusqu'à mon retour dans la maison où j'ai épousé mon Seigneur : c'est en elle que je veux rendre mon âme à mon dit Père et Époux. »

Comme la sainte duchesse approchait d'Argentan, les autorités ecclésiastiques, les magistrats suivis d'une grande foule de peuple, se portèrent au-devant d'elle et lui exprimèrent la joie qu'ils avaient de la revoir. Elle fut touchée de cette démarche que son humilité lui rendait incompréhensible. Lorsqu'elle pénétra dans le monastère, toutes les Sœurs se jetèrent à ses pieds, et leurs larmes seules témoignèrent de l'extrême bonheur qu'elles ressentaient du retour de leur mère. Le changement qui s'était opéré dans cette dernière durant son absence, l'altération de son visage, les remplirent d'une telle tristesse qu'afin de les consoler, la bonne Marguerite essaya de leur donner un espoir qu'elle était bien loin de partager, et elle promit de se faire soigner. En effet, elle prit avec docilité tous les remèdes, si désagréables fussent-ils, que les médecins lui prescrivirent; dans la maladie comme dans la santé, elle se montra un modèle d'obéissance et de résignation.

Quand elle sentit que sa fin était prochaine, elle offrit à Dieu le sacrifice de sa vie et ne songea plus qu'à bien mourir. Religieuse exemplaire jusqu'à la fin, elle récitait chaque jour, en dépit de ses souffrances, les heures canoniales et lorsque son extrême faiblesse ne lui permit plus d'aller au chœur, elle les disait dans sa chambre. Le jour de la Toussaint, quoiqu'elle fût très mal, elle se fit transporter dans le petit oratoire destiné aux infirmes; là, elle entendit la messe et reçut la sainte communion avec une piété angélique; le même jour, elle voulut assister au sermon et aux vêpres, mais on fut obligé de la remettre sur son lit.

Le lendemain, fête des Trépassés, elle reçut les derniers sacrements, demanda pardon, à toute la communauté assemblée, des fautes et des manquements dont elle avait pu se rendre coupable depuis son entrée en religion; ensuite, elle renouvela les vœux de sa profession, déplorant avec amertume d'avoir tant tardé à contracter de si saints engagements. A cet instant solennel, recueillant les dernières forces de son intelligence et de sa volonté, elle adressa quelques paroles d'édification aux religieuses qui fondaient en larmes autour de sa couche funèbre. Elle continua de s'unir aux prières qu'on faisait près d'elle, répétant de temps à autre quelques pieuses invocations. Vers le soir, elle pria la mère abbesse de lui donner de nouveau sa bénédiction, elle répéta plusieurs fois le verset *In manus tuas*, puis elle essaya de lever la main, afin de tracer une dernière fois sur son front le signe sacré de la Rédemption; sa main retomba inerte et glacée, elle venait de rendre son âme à Dieu (1521).

Le duc d'Alençon et la duchesse étaient alors absents; ils ne purent se rendre à temps pour recueillir le dernier soupir de leur mère vénérée, elle mourut dans le silence du cloître, entourée seulement de sa famille spirituelle.

La fille de la duchesse de Vendôme qu'on élevait au monastère et qui, malgré son jeune âge, parlait déjà de se faire religieuse comme son aïeule, fut emmenée pour être reconduite près de ses parents. L'enfant conçut un tel chagrin d'être séparée de sa grand'mère dont on voulait lui cacher la mort, qu'elle tomba malade et mourut au bout de trois semaines. Qui empêche de croire que les prières de sœur Marguerite obtinrent la délivrance de cette petite âme qui lui était si chère? La sainte attira l'ange.

Le corps de Marguerite de Lorraine fut embaumé et déposé dans la chapelle du monastère qu'elle avait fondé; les obsèques eurent lieu au milieu d'un concours immense de peuple. En 1793, sa sépulture fut violée, ainsi que celle de tant d'illustres personnages; son cœur seul qui avait été mis à part échappa aux profanateurs. Il repose dans une chapelle latérale de l'église Saint-Germain d'Argentan.

A la suite de plusieurs guérisons et autres faveurs obtenues après avoir invoqué la pieuse duchesse, des mémoires furent rédigés afin de solliciter sa béatification. Ces mémoires, si l'on s'en rapporte au témoignage de certains auteurs, ne parvinrent point jusqu'à Rome ; ce qui est certain, c'est qu'ils n'eurent aucun résultat. Quoi qu'il en soit, voici ce qu'on lit au *Martyrologium Gallicanum*, 2 novembre : « Ce jour-là mourut avec les sentiments de la plus grande piété, l'héroïque princesse Marguerite de Lorraine. Après avoir élevé dans la crainte de Dieu ses enfants, tige féconde d'une race royale, ayant rejeté les pompes du siècle, elle se couvrit de l'humble vêtement des Sœurs Clarisses, dans le monastère d'Argentan. Là, livrée tout entière aux actes religieux, comme elle avait été dans le monde la merveille de son sexe, la gloire des princesses, le modèle des veuves chrétiennes, ainsi elle fut dans le cloître le miroir admirable des religieuses. »

Le souvenir des vertus éclatantes de la pieuse duchesse s'est perpétué d'âge en âge et est resté très vivant à Alençon, à Mortagne et principalement à Argentan. Dans cette ville, elle est l'objet d'un culte spécial : presque toutes les femmes qui sont sur le point de devenir mères se mettent sous sa protection et font brûler un ou plusieurs cierges devant l'autel où son cœur est déposé. Les habitants de cette pieuse région n'en parlent jamais qu'en la nommant « Sainte Marguerite » ou au moins la « Bienheureuse » et l'on étonnerait grandement bon nombre d'entre eux, si on leur apprenait que l'Église n'a pas encore ratifié une dévotion qui leur est si chère.

MADAME DE MIRAMION

Dans la société du XVIIe siècle, du grand siècle, la femme tient une place à part, non seulement par l'élégance des habitudes, la politesse exquise des manières, mais par l'élévation du caractère, la grandeur des sentiments, par je ne sais quoi de noble et de ferme qui provenait d'une civilisation très raffinée, gardant jusque dans ses faiblesses et ses fautes un cachet héroïque inimitable. C'est l'époque qui vit Louise de la Vallière s'ensevelir au Carmel; Mme de Maintenon créer Saint-Cyr; Mme de Sévigné écrire en se jouant ses lettres impérissables; la duchesse d'Aiguillon montrer une vertu qui demeura toujours à la hauteur de sa prodigieuse fortune; Mlle Legras, établir les Filles de la Charité, etc., etc.

Parmi ces belles intelligences et ces grands cœurs, il convient de nommer Mme de Miramion, dont nous allons essayer d'esquisser la vie, vie consacrée presque exclusivement au service de Dieu et du prochain.

Marie Bonneau de Rubelle naquit à Paris, le 16 novembre 1629; ses parents et particulièrement sa mère l'élevèrent avec le plus grand soin; tout en la formant pour la société dans laquelle sa naissance l'appelait à vivre, ils n'oublièrent pas que les principes religieux sont la base de toute éducation vraiment digne de ce nom, et dès sa petite enfance, ils déposèrent dans son âme les semences de vertu et de sainteté qui devaient plus tard se développer si magnifiquement. La jeune Marie n'avait que neuf ans quand elle perdit sa mère; elle sentit cette perte avec une si extrême vivacité qu'elle tomba malade; elle revint promptement à la santé, mais il lui resta de ce deuil prématuré un fond de tristesse qui, sans rien ôter à l'amabilité de son caractère, la prédisposait aux idées graves et sérieuses. Dès lors, elle eut comme une vague intuition de la fragilité, du néant des affections humaines, et le désir inconscient de cet amour divin qui seul peut satisfaire notre cœur.

M. de Rubelle avait une santé délicate que le chagrin altéra plus encore; il ne pouvait donc faire pour ses enfants — car outre sa fille, il avait quatre fils, — ce que sa tendresse eût voulu; d'ailleurs, les charges qu'il exerçait à la Cour lui laissaient peu de loisirs. Il résolut d'aller habiter avec son frère, comptant beaucoup sur sa belle-sœur, femme intelligente et distinguée, afin de suppléer, près de la jeune Marie, la mère qu'elle avait perdue.

M. Bonneau habitait au Marais un vaste hôtel où tout respirait le luxe et l'élégance; — on dirait le confort aujourd'hui, mais le mot n'était pas inventé; — la jeune de Rubelle dut y trouver une grande différence avec l'intérieur paisible et réglé où s'étaient écoulées ses premières années.

Mme Bonneau aimait le monde avec passion; elle recevait beaucoup, et son salon, dont elle faisait les honneurs avec infiniment de tact et d'esprit, était fréquenté par une société choisie : la magistrature, la finance, les hommes de lettres s'y donnaient rendez-vous, et même quelques personnages de la Cour ne dédaigniaient pas d'y paraître. Marie de Rubelle accompagna plusieurs fois sa tante au spectacle; elle-même nous dit dans ses confessions « qu'elle y prit plaisir. » C'était l'époque où l'on jouait à l'hôtel de Bourgogne les chefs-d'œuvre immortels de Corneille; dans notre siècle railleur et sceptique, il est difficile de se rendre compte de l'enthousiasme qu'excitaient ces beaux vers, rendant d'une façon sublime les sentiments les plus généreux du cœur humain.

Comme la jeune Marie était naturellement gracieuse, et qu'elle avait l'oreille juste, elle dansait à ravir, et, dans le commencement, ce divertissement eut beaucoup de charmes pour elle. Toutefois, elle comprit de bonne heure la vanité de ces distractions mondaines; l'image de sa mère mourante était sans cesse devant ses yeux. « Dans le temps que tout le monde pense à se réjouir, avouait-elle à sa gouvernante, je me dis : Voudrais-je mourir à ce moment? »

Cette gouvernante était une femme sage et pieuse qui eut sur sa pupille la meilleure influence. « Dieu, écrivait celle-ci, m'a fait de grandes grâces par le moyen de cette fille. »

Elle avait à peine douze ans, que l'Esprit-Saint lui révélait déjà les mystérieuses suavités de la mortification et de la charité; durant ses récréations, au lieu de se livrer aux jeux de son âge, elle allait visiter les malades de l'hôtel, leur faisant quelque pieuse lecture ou leur rendant les soins qui étaient à sa portée. Un jour des Rois, pendant que tout le monde était en fête dans le salon de sa tante, et qu'on se préparait à la danse, elle s'esquiva doucement et courut assister un des palefreniers de son père, qui était à l'agonie. Ce pauvre serviteur se débattait dans d'horribles convulsions, elle ne s'en rebuta point et demeura jusqu'à la fin: puis prétextant une indisposition que justifiaient sa pâleur et ses traits contractés, elle ne reparut pas à la soirée; retirée dans sa chambre, elle pria longuement pour cette âme qui venait d'être appelée devant son juge.

Ainsi que toutes les femmes de la classe élevée de son temps, Mme Bonneau était exacte à remplir ses devoirs religieux; souvent elle conduisait sa nièce faire ses dévotions à la chapelle des Carmélites de la rue Saint-Jacques, que les grandes dames se plaisaient à fréquenter. Mlle de Rubelle ne comptait guère que quatorze ans, quand elle y fut témoin d'une prise d'habit, et cette touchante cérémonie laissa dans son cœur des traces ineffaçables.

Peu après elle accompagna sa tante aux eaux de Forges, en Normandie; c'était alors une station thermale très à la mode; dans la saison, la société qui s'y trouvait rassemblée était des plus choisies. Évidemment la plupart des gens réunis à Forges y venaient beaucoup plus pour se distraire que pour se soigner, aussi la vie qu'on y menait était-elle dissipée et fort mondaine. La jeune Marie qui, nous l'avons dit, était déjà déprise des folles joies du siècle, conserva au milieu de cette dissipation, l'esprit d'oraison et de piété qui la distinguait.

Elle était encore en Normandie lorsque son père tomba gravement malade; quelque diligence que l'on fit pour hâter le retour, à son arrivée à Paris, elle était complètement orpheline. Ce nouveau deuil remplit l'âme de la jeune fille d'une extrême affliction ; plus que jamais, elle sentit le besoin d'un appui divin et elle conçut le projet de se faire carmélite. Son oncle, M. Bonneau, qui la chérissait à l'égal d'une fille, lui représenta qu'elle pouvait en restant dans le monde, et en y prenant un établissement conforme à son rang, être utile à ses frères, tous plus jeunes qu'elle; tandis qu'en s'enfermant dans un cloître, elle les privait de leur plus chère affection et d'un appui qu'ils étaient en droit d'attendre de leur sœur aînée. Mlle de Rubelle, quoique très jeune encore, avait le jugement assez formé pour goûter ce sage raisonnement; elle abandonna donc ses projets de retraite et s'occupa, davantage que par le passé, de ses frères qu'elle chérissait. Elle resta dix-huit mois sans paraître dans le monde, heureuse de se livrer à la prière et à l'étude, préférant de beaucoup la solitude, qui lui était permise, aux divertissements que sa tante aimait à lui faire partager.

Quand elle eut accompli sa seizième année, Mme Bonneau la produisit tout à fait dans le monde; elle y fit sensation, car elle était d'une beauté remarquable; la perfection de ses traits se trouvait encore rehaussée par la distinction de ses manières et l'élégance de toute sa personne.

On a tracé d'elle, à cet âge, le portrait suivant : « Elle avait le teint d'une blancheur éblouissante, ranimée à tout moment par un incarnat toujours nouveau; le nez aquilin et un peu long, mais bien fait ; la bouche petite, riante et vermeille; les plus beaux yeux du monde et les sourcils finement marqués. »

Enfin, outre tant de charmes, elle était riche de 400,000 écus, somme énorme pour le temps; aussi ne doit-on pas s'étonner si une foule de jeunes gens se pressaient sur ses pas et souhaitaient obtenir sa main. Toujours fidèle à ses principes, et n'accordant qu'un regard distrait à cette brillante jeunesse qui l'entourait, Marie avait remarqué à l'église Saint-Nicolas-des-Champs, un jeune gentilhomme qui, souvent, accompagnait une dame âgée, sa mère sans doute; le maintien modeste de ce jeune homme, la façon respectueuse dont il agissait à l'égard de sa mère avaient attiré l'attention de Mlle de Rubelle.

Quand on lui présenta ce gentilhomme qui n'était autre que M. de Beauharnais, seigneur de Miramion, elle l'accueillit favorablement et n'éprouva nulle répugnance à le considérer comme son fiancé. Il avait à peine vingt-sept ans, était fort bien fait de sa personne et d'un aimable caractère.

Le 27 avril 1645, ces deux jeunes gens qui semblaient créés l'un pour l'autre et qu'une étroite affection unissait, prononcèrent devant Dieu ce serment indissoluble qui lie non seulement les existences, mais surtout les âmes. Quelques jours plus tard, Mme de Miramion, tout en pleurs, quittait la maison de son oncle, et allait habiter chez M. de Choisy, grand-père de son mari. Elle y demeurait tout à fait en famille, car outre son beau-père et sa belle-mère, elle y trouvait Mme de Caumartin, tante de M. de Miramion, et le fils de cette dernière.

A l'occasion du mariage, on offrit aux jeunes époux des fêtes magnifiques : bals, soupers, etc.; mais la plus belle de ces fêtes fut une collation donnée, au Luxembourg, par Mme de Choisy qui connaissait à merveille les lois de l'élégance et de l'étiquette.

M. de Miramion, qui avait joui de bonne heure de tous les plaisirs du siècle, commençait à se sentir blasé; aussi n'eut-il pas beaucoup de peine à partager la vie simple et un peu retirée que préférait sa femme. Six mois s'écoulèrent dans un bonheur sans mélange : c'était la part de bonheur terrestre que devait connaître Mme de Miramion. Après ce laps de temps, M. de Miramion fut atteint d'une fièvre violente qui, en quelques jours, le mit aux portes du tombeau.

Il mourut le 2 novembre; au moment où sa jeune femme s'aperçut qu'il avait cessé de vivre, elle tomba froide et inanimée à côté de lui. Elle resta plusieurs heures ainsi; lorsqu'on eut réussi à la rappeler à la vie, elle demeura comme pétrifiée et insensible à tout ce qui se passait autour d'elle. Son entourage s'inquiétait de cette prostration complète, et s'efforçait, par tous les moyens, de la décider à prendre quelque soin de sa personne. Sa belle-mère y réussit en la suppliant de songer à l'enfant qu'elle attendait.

Cette parole lui donna le courage de vivre; quelques mois plus tard, le 7 mars 1646, elle eut la consolation d'embrasser sa fille dont les traits à peine formés lui retraçaient l'image de celui qu'elle avait tant aimé.

Durant deux années, elle ne s'occupa que de cette enfant,

née chétive, languissante, et qui réclamait des soins incessants. Elle eut alors une maladie terrible en tous les temps, mais plus encore à cette époque où la vaccine était inconnue : elle fut atteinte de la petite vérole. De nouveau, on craignit pour ses jours, et quand on fut rassuré de ce côté, on crut qu'elle demeurerait aveugle. Il n'en fut rien heureusement ; elle guérit parfaitement, et il ne resta sur son visage aucune trace de cette maladie, l'effroi de toutes les femmes. Sa beauté, qui tenait surtout à la régularité de ses traits fut conservée, mais l'éclat de son teint qui était merveilleux avait disparu pour toujours. Elle n'en éprouva aucune peine, au contraire, elle s'en réjouit, en pensant qu'elle serait moins recherchée, et pourrait, ainsi qu'elle le désirait depuis longtemps, mener une vie plus intérieure et plus parfaite. Sa famille qui l'aimait avec une vive tendresse et craignait de la voir entrer en religion, favorisait le plus possible les prétendants qui aspiraient à la main de la jeune veuve, mais cette dernière affirmait qu'elle ne contracterait jamais une seconde union, et elle redoublait ses prières, ses bonnes œuvres, afin que Dieu lui manifestât clairement sa volonté.

Vers cette époque, commencèrent les troubles de la Fronde, la famille de Choisy quitta Paris pour aller habiter une délicieuse propriété située à Issy. Mme de Miramion se plaisait infiniment à la campagne, car il lui était plus facile de s'y isoler et de s'y livrer aux œuvres de miséricorde pour lesquelles son attrait croissait de jour en jour. Quoiqu'à peine âgée de dix-neuf ans, elle allait visiter les malades, ne se rebutant ni de leurs plaies, ni de leur malpropreté, bien qu'elle fût naturellement délicate et susceptible. Elle prit soin d'une enfant qui avait une si horrible affection à la tête que personne n'y voulait toucher ; elle la guérit, la mit en pension dans un couvent, plus tard paya une dot convenable, ce qui permit à cette fille de se consacrer à Dieu dans la maison qui l'avait élevée.

Comme nous l'avons vu, Mlle de Miramion avait une santé très faible et elle était sujette à de fréquentes indispositions; la pauvre mère savait que Dieu tient entre ses mains puissantes la vie et la mort; aussi, tout en ne négligeant aucun des soins nécessaires, elle avait recours à la prière et à l'intercession des saints. A la suite d'un malaise plus violent sans doute, elle fit vœu de faire un pèlerinage à la chapelle du Mont-Valérien.

Le 7 août 1648, elle partit à sept heures du matin; elle avait dans son carrosse, outre sa belle-mère qui avait désiré l'accompagner, un écuyer et deux demoiselles. Derrière la voiture se tenait un valet de pied; aux portières étaient quatre laquais à cheval. Telle était à cette époque, la façon de voyager des personnes de qualité.

Environ un quart d'heure avant d'arriver à destination, on entendit un grand bruit de chevaux, et, soudain, le carrosse se trouva cerné par vingt cavaliers armés et masqués. Les laquais s'empressèrent de prendre la fuite, le valet de pied resta bravement à son poste. Un des cavaliers jeta le cocher à bas de son siège et s'installa à sa place. Mme de Miramion criait au secours de toutes ses forces et essayait de frapper les hommes qui s'étaient avancés aux portières; ceux-ci tirèrent alors leurs épées afin de couper les courroies qui attachaient les rideaux de cuir. Mme de Miramion voulut arracher leurs armes, elle ne réussit qu'à se couper les mains. Sa belle-mère tenta également de se défendre et blessa un des cavaliers; quant aux deux demoiselles, hébétées par la frayeur, elles ne savaient que marmotter des lambeaux de prières.

Pendant ce temps, d'autres cavaliers étaient entrés dans le bois de Boulogne; ils en ramenèrent six chevaux frais qu'on mit promptement au carrosse, et le nouvel attelage partit avec rapidité. Mme de Miramion fit alors de cœur une fervente invocation pour demander les grâces et le courage qui lui étaient si nécessaires dans ce pressant danger.

En traversant la forêt de Livry dont les routes étaient fort étroites, elle s'aperçut que les portières n'étaient plus gardées, elle sauta de voiture et essaya de fuir; elle courut un instant à travers les broussailles qui mirent ses coiffes et ses vêtements en lambeaux, puis voyant qu'on allait la reprendre, elle devança ceux qui la poursuivaient et remonta prestement dans le carrosse.

Au milieu de la partie la plus solitaire de la forêt, on fit halte un instant; tous ceux de l'escorte prirent quelques rafraîchissements et en offrirent aux personnes qui étaient là; la jeune veuve ne voulut rien accepter, et déclara qu'elle ne prendrait quoi que ce fût avant d'être rendue à la liberté. On fit alors mettre pied à terre de force à la douairière et à sa gouvernante; on ne laissa à Mme de Miramion qu'une femme de chambre; puis la voiture repartit au grand trot.

En traversant les villages et les bourgs, la jeune femme faisait entendre des appels désespérés, et promettait de l'argent à ceux qui viendraient la délivrer; mais les gens de l'escorte disaient que c'était une pauvre folle que l'on allait renfermer par ordre de la Cour; et comme ses vêtements étaient déchirés, son visage défait et taché de sang, cette version paraissait très vraisemblable, de sorte qu'on ne faisait nullement attention à ses cris.

Après quatre relais, on arriva, vers le soir, devant un château féodal dont l'aspect sévère n'était pas fait pour rassurer la prisonnière : c'était le château de Launay. Mme de Miramion ignorait encore quel était son ravisseur; elle allait bientôt l'apprendre.

Un chevalier de Malte, jeune et de bonne mine, vint à la portière, et, dans les meilleurs termes, invita Mme de Miramion à entrer dans le château. Elle s'y refusa d'abord, et demanda le nom de l'audacieux qui la faisait enlever.

— Madame, lui fut-il répondu, c'est le comte de Bussy, lieutenant-général et mestre de camp de la cavalerie; il nous a bien affirmé que cet enlèvement avait lieu de votre plein gré et uniquement pour contraindre votre famille à lui accorder votre main.

— C'est faux, complètement faux, s'écria-t-elle, révoltée d'une telle duplicité.

Un peu plus tard, lorsque le comte se présenta devant elle, un peu honteux, malgré sa forfanterie accoutumée :

« Je jure, prononça-t-elle avec une grande énergie, devant le Dieu vivant, mon créateur et le vôtre, que je ne vous épouserai jamais. »

Le comte de Bussy avait été lui-même abusé par quelqu'un qu'il devait croire bien informé; il reconnut qu'on l'avait trompé, et voyant que la résolution de la jeune veuve était inébranlable, il la fit reconduire sous escorte. A cent pas environ de la ville de Sens, on fit halte; le cocher et les postillons dételèrent; le chevalier de Malte qui était le propre frère de Bussy, et les autres gentilshommes saluèrent res-

SAINT VINCENT DE PAUL

pectueusement Mme de Miramion et reprirent, à bride abattue, de peur d'être poursuivis, le chemin du château de Launay.

La jeune femme gagna péniblement à pied la première hôtellerie de Sens; là, brisée d'émotions et de fatigues, elle était restée quarante heures sans rien prendre, elle dut se mettre au lit. Une fièvre violente la saisit; son frère de Rubelle, qui était accouru aussitôt, ne voulut pas la laisser dans une maison étrangère, il fit préparer une litière et on conduisit la malade à Paris.

Durant plusieurs semaines, les médecins les plus en renom la disputèrent à la mort; on lui donna les derniers sacrements, et tous les siens n'attendaient que son dernier soupir. Enfin, contre toute espérance, elle guérit, mais la convalescence fut longue et pénible.

La famille de Mme de Miramion la contraignit d'intenter un procès au comte de Bussy, pour venger l'injure qui lui avait été faite. Ce procès dura deux ans; dans ses dépositions, Mme de Miramion ne montra aucune hostilité, aucun ressentiment à l'égard de son ravisseur.

Les guerres de la Fronde continuaient toujours; dans une escarmouche, le comte de Bussy ayant empêché l'incendie du château de Rubelle, cette magnanimité fit cesser toutes les poursuites commencées.

Quand elle fut rétablie, la jeune veuve sentit le besoin de se recueillir devant Dieu, après la crise terrible qu'elle venait de traverser; elle confia le soin de sa fille à sa belle-mère, dont elle connaissait la sollicitude, et alla s'enfermer au couvent de la Visitation de Sainte-Marie.

Quand elle se trouva dans ce cloître, partageant la vie des pieuses filles qui l'habitaient, sa première passion pour la vie religieuse se réveilla fortement, surtout lorsqu'elle songeait que la vie de la sainte fondatrice de la Visitation offrait avec la sienne propre de saisissantes analogies.

Elle résolut de consulter le vénérable Vincent de Paul qui, alors âgé de soixante-treize ans, était directeur des Filles de Sainte-Marie. Le digne serviteur de Dieu la dissuada d'entrer en religion, l'engageant, après les soins que réclamait l'éducation de sa fille, à se vouer, dans le monde, aux œuvres de charité.

Après trois mois passés dans le recueillement et la prière,

Mme de Miramion revint au sein de sa famille qui attendait son retour avec impatience. Bientôt, elle fut en butte aux obsessions de ses parents qui désiraient lui voir contracter une nouvelle union.

Elle refusa, sans qu'il en coûtât à son cœur, plusieurs partis avantageux ; mais quand le cousin de son mari, M. de Caumartin, qui avait été un frère pour lui, vint solliciter sa main en disant avec l'ardeur de la passion que leur fille trouverait en lui un véritable frère, elle fut troublée, et elle eut besoin d'avoir recours à la prière avant de reprendre le calme et le sang-froid qui lui étaient habituels.

Toutefois, elle sentait intérieurement que Dieu réclamait son cœur tout entier, et qu'elle ne pouvait plus rien accorder aux créatures.

M. de Caumartin fut vivement affligé du refus qu'il essuya, et il ne consentit à se marier que cinq ans plus tard. La belle-mère de Mme de Miramion comprit qu'après ce qui venait de se passer, il était difficile, pour ne pas dire impossible, aux deux jeunes gens de vivre sous le même toit, elle proposa donc à sa belle-fille dont elle connaissait le penchant à la retraite, d'aller passer quelque temps dans un couvent. Celle-ci consentit aussitôt ; elle choisit cette fois la communauté des Sœurs grises, fondée peu d'années auparavant.

Dans cette maison, la pieuse veuve fut favorisée d'une nouvelle vision qui la confirma dans la résolution où elle était de se consacrer toute à Dieu. Aussi, quand elle rentra chez elle, fit-elle plusieurs réformes, afin d'obéir à la volonté divine ; elle modifia ses habitudes, déjà si peu mondaines, et sa manière de s'habiller.

Jamais les femmes de qualité ne s'étaient vêtues avec plus de magnificence qu'à cette époque : on ne voyait que dentelles, galons d'or et d'argent, étoffes brodées et chamarrées, de sorte que la mise sombre et sans ornements qu'affecta la jeune veuve ne pouvait manquer d'exciter l'étonnement des uns et les railleries des autres.

Sa charité la porta d'abord vers les orphelines ; elle adopta quelques petites filles pauvres et les fit élever à ses frais ; un peu plus tard, elle loua une maison pour y établir une vingtaine de ces enfants ; sous sa direction, des maîtresses leur enseignèrent le catéchisme, le travail à l'aiguille, et les mirent en état de gagner honnêtement leur vie.

Chaque jour, Mme de Miramion visitait les hospices ou les prisons, répandant sur son passage les secours, les consolations, et s'efforçant, en soulageant les misères corporelles, de porter dans les âmes quelques rayons de la lumière divine.

Les guerres civiles qui se prolongeaient déjà depuis longtemps avaient amené leur cortège accoutumé : la disette, les maladies contagieuses, etc.; la pieuse veuve, en cette extrémité, sentit redoubler son zèle, et elle se multiplia pour venir en aide à tant de misères. Elle éprouvait une telle consolation à distribuer elle-même ses aumônes que, souvent, elle s'en privait par esprit de mortification.

« Il me semble, écrivait-elle, quand je sers les pauvres, que je n'y ai pas grand mérite, parce que je suis payée dans le moment même, et ne dois plus attendre aucune récompense de ce qui me donne tant de plaisir. »

Lorsque sa fille eut de huit à neuf ans, elle la confia aux religieuses de Sainte-Marie, afin qu'on la préparât à sa première communion. Elle donna dix mille écus au monastère, en son nom et en celui de sa fille, pour être reconnues *bienfaitrices*, et avoir ainsi le droit d'entrer et de sortir quand bon leur semblerait.

Cette première séparation causa un vif chagrin à la pauvre mère ; elle tomba malade, et, une fois encore, fut aux portes du tombeau. Elle crut qu'elle allait mourir, et elle voulut écrire une dernière fois à sa chère Marie. Elle terminait par ces lignes touchantes :

« Adieu, ma chère et plus que très chère fille, je vous laisse Dieu pour père; vous êtes bien, je vous y abandonne; choisissez plutôt la mort que de l'offenser. Priez Dieu et faites-le prier pour moi; encore une fois, adieu pour quelque temps, puisque nous nous reverrons devant Dieu. »

Elle guérit, mais il lui resta une extrême faiblesse et plusieurs inconvénients qu'elle garda toute sa vie et souffrit avec une grande patience.

M. de Choisy, son grand'père par alliance, étant mort auparavant, elle dut quitter l'hôtel où elle était entrée si heureuse à seize ans, et qui depuis avait été le témoin de ses douleurs et de ses larmes. Elle alla habiter avec ceux de ses frères qui n'étaient pas mariés; mais elle ne jouit pas longtemps de cette réunion; un de ses frères, mestre de camp, fut tué en 1655, à Landrecies, d'un coup de mousquet.

Quand Mlle de Miramion eut atteint l'âge de quatorze ans, sa mère la retira du couvent et lui fit apprendre à danser, voulant qu'elle eût de l'aisance et de la bonne grâce dans les mouvements. Elle fit plus, elle voulut, désirant remplir complètement sa mission maternelle, conduire elle-même sa fille dans un grand bal donné par Mme de Choisy, afin de surveiller ses premières impressions et d'être plus à portée de la conseiller et de l'avertir.

« Craignez, ma chère enfant, lui disait-elle, que le mauvais exemple ne vous entraîne; ne vous contentez pas seulement d'éviter le mal, mais faites encore le bien. Surtout soyez charitable, aimez les pauvres, et que la modestie soit votre principale parure. Ne donnez jamais dans les excès, suivez les modes sans les outrer; imitez les plus sages, sans condamner les autres. »

La jeune Marie, sans avoir l'éclatante beauté qui distinguait sa mère à cet âge, possédait une figure agréable et une grande distinction; c'était ce qu'on est convenu d'appeler une jolie personne, et avec sa dot qui était très considérable, car sa mère avait parfaitement administré sa fortune, elle ne manqua pas de prétendants à sa main.

Mme de Miramion ne savait sur qui arrêter son choix, et prétextant l'extrême jeunesse de sa fille qui n'avait pas encore quinze ans, elle ajournait les demandes les plus flatteuses. Elle se décida enfin pour un parti qui lui semblait réunir toutes les convenances désirables de famille et de position : c'était le conseiller Guillaume de Nesmond, neveu du premier président de Lamoignon. Comme on le voit, il était des mieux apparentés; mais son mérite et ses qualités personnelles lui eussent permis de se passer de cet oncle illustre.

Le 22 juin 1660, le mariage eut lieu avec l'éclat qui convenait dans la circonstance. La jeune épousée, digne fille de sa mère, ne voulut point d'autres bijoux que ceux qui étaient déjà dans la famille, et elle demanda que la somme que l'on eût mise dans des pierreries fût donnée aux pauvres. M. de

Nesmond n'eut garde de refuser une demande si bien en rapport avec ses sentiments, et mille louis (24,000 francs) furent distribués aux indigents de Paris.

Lorsqu'elle reconduisit sa fille chez les parents de M. de Nesmond où elle devait habiter désormais, Mme de Miramion lui adressa les paroles suivantes : « Après Dieu, ma chère enfant, votre premier soin doit être votre mari. La douceur, la complaisance vous attireront sa tendresse. Je souhaite que vous m'aimiez, ma chère fille, mais vous devez l'aimer davantage, le devoir et la religion vous obligent à lui donner la préférence. Il vous pressera par amitié, peut-être par besoin politique, de vous livrer au monde, en vous jetant dans le tourbillon des plaisirs ; résistez courageusement, il vous en estimera davantage, et ne vous en aimera pas moins. C'est la fausse excuse de la plupart des femmes qui ne sont ajustées, disent-elles, et ne vont au spectacle que par complaisance pour leurs maris. »

Après l'établissement de sa fille, la pieuse veuve, une fois encore, pensa à se donner entièrement à Dieu, en se faisant carmélite ; mais ses directeurs et d'autres personnes recommandables par leur piété et par leur sagesse, l'engagèrent à rester dans le monde, lui disant « que son esprit vif, pénétrant, capable d'affaires, ne devait pas être enfermé dans la solitude du cloître. » Elle se résigna donc à demeurer dans le monde, mais avec la ferme résolution d'y vivre aussi recueillie, aussi retirée, aussi mortifiée que dans la cellule la plus étroite.

Toutes les œuvres de charité et de zèle enflammaient son ardeur et excitaient son activité ; elle aidait de sa bourse et de son influence de courageux missionnaires qui allaient évangéliser les Indes ; elle recueillait dans sa maison, durant plusieurs mois, des religieuses dont le monastère avait été détruit par la guerre ; elle les servait de ses propres mains et leur rendait tous les bons offices imaginables.

Les troubles, la licence, qui sont inséparables des guerres civiles, avaient amené un grand désordre dans les mœurs ; Mme de Miramion, qui gémissait de cet état de choses, résolut d'établir un refuge pour recueillir, afin d'y être purifiées et soutenues, les Madeleines qui n'avaient d'autre asile que la rue ou la prison. C'était un essai difficile sous plus d'un rapport : la prudence et la sagesse de la pieuse veuve triomphèrent de tous les obstacles, et cette fondation rendit de grands services.

Un peu plus tard, elle réunit quelques filles dévouées, leur fit apprendre et apprit elle-même à donner les premiers soins aux malades, afin de pouvoir les envoyer dans les campagnes instruire et secourir le malheureux, car, en mainte occasion, elle avait déploré l'ignorance qui, à cette époque, régnait dans les hameaux et dans les villages. Trente ans plus tôt, une communauté dont le but était analogue, avait été fondée sous le nom de Filles de Sainte-Geneviève ; mais les revenus de cette maison avaient toujours été minimes, et comme les charges allaient en augmentant d'année en année, la communauté se trouvait dans une détresse profonde. L'abbé Ferret, qui en était le supérieur, intéressa Mme de Miramion aux Filles de Sainte-Geneviève et lui suggéra l'idée de confondre la Sainte-Famille — c'était le nom de la communauté naissante — avec les religieuses de Sainte-Geneviève. La pieuse veuve, uniquement préoccupée de Dieu et des âmes, sacrifia, sans hésitation aucune, la gloriole d'être fondatrice d'un ordre nouveau, et les monastères réunis en un seul furent installés dans un local spacieux, situé près de l'église de Saint-Nicolas-du-Chardonnet ; elle-même paya tous les frais d'acquisition et d'appropriation ; en outre, elle donna une somme de 70,000 livres pour l'entretien de douze religieuses, sous la seule condition qu'à mérite égal les filles nobles seraient admises de préférence aux autres.

Le costume des religieuses consistait en une robe de laine noire, une guimpe de toile blanche avec la cornette semblable, recouverte d'une coiffe noire.

Mme de Miramion fut élue supérieure perpétuelle, et la classe populaire ne nomma plus les nouvelles Sœurs que les *Miramionnes*.

Tant de soins, de labeurs, de sollicitudes avaient altéré profondément la santé de la veuve ; elle ne se plaignait pas néanmoins et continuait ses bonnes œuvres, mais tout son extérieur révélait ses souffrances et accusait un dépérissement général ; sa fille, justement alarmée, la pressa de questions et finit par savoir que, depuis quelque temps, entre diverses incommodités qui dataient déjà de plusieurs années,

COLBERT

elle souffrait de vomissements quotidiens qui ne permettaient à son estomac de conserver aucune nourriture. Mme de Nesmond fit appeler près de la malade, les plus habiles médecins du temps : on essaya plusieurs remèdes, mais sans succès; enfin, on suivit le traitement conseillé par Veson, médecin très distingué, et la malade en éprouva un soulagement sensible.

L'année 1662 fut une des années les plus calamiteuses dont l'histoire ait conservé le souvenir; en dépit de la magnificence du roi, de la sage administration de Colbert, la misère était à son comble. De tous côtés, on amenait des malades à l'Hôpital général, et vint un moment où non seulement tout fut encombré, mais où les dépenses dépassèrent tellement les crédits affectés à cet établissement, qu'on fut sur le point d'en fermer les portes. M. de Lamoignon, qui avait cet hospice sous sa direction, vint confier à Mme de Miramion dont il appréciait les hautes capacités, ses craintes et ses embarras. Elle s'émut de cet état de choses et résolut d'aller solliciter des secours de quelques personnes généreuses. Sa première visite fut pour la princesse de Conti, qui lui remit cent mille francs, en lui disant :

— N'en parlez point, Madame, je suis trop heureuse que Dieu ait voulu se servir de moi pour sauver la vie à tant de personnes.

Cette forte somme, en permettant de subvenir aux nécessités les plus pressantes, assura la durée de l'hôpital.

Quand Mme de Miramion vit la communauté solidement établie et l'esprit de Dieu y régner en toutes choses, elle voulut se démettre de ses fonctions de supérieure générale; mais ses sœurs, qui reconnaissaient combien le gouvernement sage et prudent de la sainte veuve était nécessaire à leur maison, ne consentirent point à la déposer ; alors ses supérieurs ecclésiastiques, entre autres l'archevêque de Paris, lui ordonnèrent de n'abandonner sa charge qu'avec la vie. Elle se soumit humblement, estimant qu'on ne peut être coupable lorsqu'on est dans la voie de l'obéissance.

A la suite de la guerre des Pays-Bas, en 1673, il y eut un grand mouvement de troupes et par suite des maladies contagieuses se répandirent en plusieurs villes : Melun fut une des cités les plus éprouvées sous ce rapport. Il y mourait au moins cent personnes par jour, et la panique s'étant emparée des habitants, ils fuyaient leurs demeures, de sorte que les pauvres malades se trouvaient à l'abandon. A la nouvelle d'une semblable calamité, Mme de Miramion, qui possédait un château près de Melun, y accourut aussitôt suivie de quelques Sœurs grises et de plusieurs chirurgiens. Elle fit assembler les magistrats, demanda une maison pour en faire un hospice provisoire, et ayant obtenu ce qu'elle désirait, elle s'y installa avec ses courageux auxiliaires et prodigua ses soins aux malades. Elle les pansait elle-même, les veillait, et quand il ne restait plus d'espoir pour le corps, elle s'efforçait de sauver les âmes en exhortant les agonisants à bien mourir.

Elle établit des ouvroirs, des écoles, fonda des bourses pour les jeunes séminaristes, commença l'œuvre des retraites pour les dames du monde, prodiguant avec une égale générosité ses forces et son or quand il s'agissait de faire le bien. Sa fille, possédant une fortune très considérable et n'ayant point d'enfant, Mme de Miramion suivait sans scrupules les inspirations de sa charité, dépensant ses revenus et même au delà alors qu'il s'agissait de la gloire de Dieu et du service du prochain. Aussi, un jour, son intendant étant venu lui annoncer qu'elle venait de perdre une forte somme, elle répondit froidement :

— Je ne perds rien, moi, ce sont les pauvres.

En 1679 — elle venait d'atteindre cinquante ans, — elle eut à souffrir une épreuve qui lui sembla plus douloureuse que toutes les afflictions qu'elle avait connues jusque-là : Mme de Nesmond tomba dangereusement malade, et les médecins se déclarèrent impuissants à la sauver. Quoiqu'elle eût le cœur brisé, la pauvre mère fit à Dieu le sacrifice de sa fille bien-aimée, et Dieu se contenta de sa bonne volonté : contre toute attente, Mme de Nesmond se rétablit.

M. de Bussy, qui, jadis, avait enlevé Mme de Miramion, ne craignit pas de venir solliciter celle qu'il avait si grièvement offensée ; il avait un procès dans lequel était engagée la plus grande partie de sa fortune, et il souhaitait que M. de Nesmond ne lui fût pas contraire. Il ne s'était jamais trouvé en présence de Mme de Miramion depuis son enlèvement, il y avait trente-six ans de cela, et il dut éprouver une singulière émotion en voyant une femme déjà vieille, à la physionomie grave, recueillie, et portant l'austère costume des Filles de Sainte-Geneviève. Elle écouta le comte avec bienveillance et, convaincue de son bon droit, elle lui promit son appui et lui assura que son gendre lui serait favorable. En effet, M. de Bussy gagna son procès.

En 1693, après une courte maladie dont rien ne faisait présager la gravité, M. de Nesmond mourut. Mme de Miramion le regretta vivement, car il s'était toujours montré un véritable fils à son égard; elle eut aussi à soutenir sa fille dans cette cruelle épreuve.

Malgré les œuvres de zèle dont elle s'occupait avec tant de dévouement et qui semblaient prendre toutes ses heures, cette femme admirable trouvait encore le temps de se livrer à de fréquentes prières et à de longues méditations : c'était dans ces pieux exercices où Dieu la favorisait de grâces particulières qu'elle puisait cette force et cette vertu qui excitaient la vénération de tous ceux qui l'approchaient. Aucune de ses sœurs n'accomplissait avec autant de régularité qu'elle-même les moindres obligations de la vie religieuse, aucune n'était plus prompte à s'accuser des plus légères fautes.

N'ayant jamais en vue que Dieu et le prochain, elle se dépensait sans avoir égard à ses propres maux, surmontant les faiblesses et les défaillances de la nature, par son grand esprit de foi et de charité; néanmoins, au mois de mars 1696, elle tomba pour ne plus se relever. Comme elle avait des vomissements continuels, on crut devoir la prévenir qu'elle ne pourrait communier.

— Ah! Monsieur, répondit-elle humblement à son confesseur, j'ai reçu tant de fois Notre-Seigneur pendant le cours de ma vie, peut-être indignement, que je mérite bien de n'avoir pas la consolation de le recevoir à la mort.

Cependant, les nausées ayant cessé, on l'avertit qu'on allait lui apporter la sainte communion; à cette annonce, son visage se transfigura et les forces semblèrent lui revenir. Elle reçut la divine Eucharistie avec une dévotion des plus édifiantes. Sa fille, qui était présente, la conjura de demander sa guérison au bon Dieu.

— Ma fille, répliqua-t-elle d'un air joyeux, il faut aller jouir de Lui; je l'ai bien offensé, mais j'espère en sa miséricorde.

Elle souffrait extrêmement, et afin de se maintenir dans la patience, elle baisait souvent un crucifix qu'elle tenait dans sa main; sa fille lui dit :

— Notre-Seigneur vous attache à sa croix.

— Je suis trop heureuse de la part qu'il me fait. Je vous donne ce cher crucifix, ma fille, il y a trente ans qu'il est à moi.

On devine avec quelle pieuse émotion Mme de Nesmond recueillit plus tard un legs aussi précieux.

Au milieu des douleurs de l'agonie, elle se ressouvenait de ses chers pauvres; elle voulut recommander encore une fois certaines œuvres, qui lui étaient particulièrement précieuses, à Mme de Maintenon, alors à l'apogée de sa puissance; elle-même dicta cette lettre à sa fille. Son confesseur, sans doute pour connaître ses pensées, lui dit :

— Quoi! Madame, dans un pareil moment vous pensez à autre chose qu'à Dieu?

— Oui, Monsieur, répondit-elle avec une admirable présence d'esprit, quand c'est pour Dieu.

Elle bénit toutes ses religieuses, leur recommanda d'être bien fidèles à leur vocation; elle reçut également les adieux des membres de sa famille; enfin, le moment suprême arrivé, Mme de Nesmond se jeta à genoux et lui demanda de la bénir.

— Ma chère fille, ne pleurez point, remerciez Dieu des grâces qu'il vous a faites, aimez-le et servez-le de tout votre cœur : il n'y a que cela de bon. On est bien aise à la mort d'avoir été toute à Lui; s'il me fait miséricorde, ah! comme je le prierai pour vous!

Elle expira le 24 mars, à l'âge de 67 ans. Ses funérailles eurent lieu sans aucune pompe, comme s'il se fût agi d'une simple religieuse; ses restes furent déposés dans le cimetière de Saint-Nicolas.

Tels sont les principaux traits de la vie de Mme de Miramion qu'un écrivain de nos jours a nommée si justement *la grande aumônière du XVIIe siècle*; elle obtint la vénération de tous ses contemporains et elle mérite l'estime et l'admiration de la postérité.

MADAME CAMPAN

Mme Campan a été jugée bien sévèrement par quelques biographes ; ils ont chargé sa mémoire de sévères accusations qui ne nous paraissent pas clairement prouvées. La haute position qu'elle avait longtemps occupée à la Cour, la faveur particulière dont la reine l'honorait, l'estime et la confiance que lui témoignait le roi lui-même, firent des envieux et des mécontents ; plus tard, ceux-ci se vengèrent cruellement et répandirent sur son compte d'odieuses calomnies.

Mme Campan, première femme de Marie-Antoinette, sa confidente, presque son amie, se rallia peut-être avec trop d'enthousiasme à la famille Bonaparte ; on eût aimé à lui voir conserver, vis-à-vis du nouveau pouvoir, cette fière réserve, cette dignité un peu froide qui convient à ceux qui ont des attaches intimes avec une dynastie tombée. Guidée par l'intérêt et l'ambition, elle visa surtout à se créer une position avantageuse : elle, qui avait vécu tant d'années au milieu du faste et de la grandeur, elle redoutait la gêne et l'obscurité. Elle avait près de quarante ans lorsque la révolution éclata, le temps des généreuses ardeurs, des dévouements passionnés était passé, et faisait place aux froids calculs de l'égoïsme et de l'intérêt personnel.

Si contradictoires que soient les jugements portés sur elle, Mme Campan n'en reste pas moins une physionomie originale, curieuse à étudier et par ses propres qualités et par les augustes personnages avec qui elle fut en rapport dans les diverses phases de son existence.

Jeanne-Louise-Henriette Genet naquit à Paris, le 6 octobre 1752; son père, homme intelligent et distingué, était premier commis au ministère des affaires étrangères. Il fit donner à ses enfants une éducation très soignée qu'il se plaisait à surveiller lui-même. La jeune Henriette, douée d'un esprit vif et délié, réussit à merveille dans tout ce qu'on lui enseigna. A quatorze ans, elle jouait fort bien du clavecin et de la harpe, parlait couramment l'anglais et l'italien, et possédait un talent aussi rare dans le XVIIIe siècle qu'il l'est dans le nôtre, un talent qui eût fait de M. Legouvé, s'il avait vécu dans ce temps-là, son fervent admirateur : elle lisait parfaitement. Qu'on lui présentât un sermon, une tragédie, des vers badins ou une ode grave, elle savait l'art difficile de varier les inflexions d'une voix naturellement harmonieuse, et son débit était irréprochable.

Marmontel, Thomas et d'autres beaux esprits de l'époque, se plaisaient à lui faire réciter les passages les plus remarquables des ouvrages en renom; aussi, acquit-elle bientôt une sorte de célébrité. On parla d'elle à la Cour, où ses talents précoces excitèrent un peu de curiosité; quelques femmes influentes, amies de sa famille, mirent à profit ce petit mouvement de curiosité, et réussirent à faire nommer la jeune fille, lectrice de *Mesdames*, filles du roi.

Le jour de sa présentation, elle revêtit, suivant l'étiquette, l'habit de Cour, et Dieu sait combien il lui sembla léger, malgré sa raideur et sa coupe incommode. Son père la fit appeler et, avant de s'en séparer, il lui donna quelques derniers avis qu'elle n'écouta sans doute guère au moment, mais dont elle reconnut plus tard la sagesse et l'opportunité.

— Les princesses, lui dit-il, vont se plaire à faire usage de vos talents : les grands ont l'art de louer avec grâce et toujours avec excès. Que ces compliments ne vous procurent pas un plaisir bien vif : qu'ils vous mettent plutôt en défiance. Chaque fois que vous recevrez ces témoignages flatteurs, vous aurez quelques ennemis de plus. Je vous préviens, ma fille, des peines inévitables attachées à votre nouvelle carrière, et je vous proteste, dans ce jour où vous jouissez avec transport de votre heureuse fortune, que si j'avais pu vous établir autrement, jamais je n'aurais livré ma fille chérie aux tourments et aux dangers des Cours.

MARIE LECZINSKA

La jeune Henriette, avec l'insouciance et la mobilité de ses quinze ans, n'envisageait que le côté brillant de la nouvelle existence qui allait être sienne; Versailles, bien qu'il eût déjà perdu un peu de la majestueuse grandeur et de l'éclat pompeux que lui avait donné le Roi-Soleil, lui parut fort imposant. Cependant, au moment de sa présentation, la Cour était en deuil, la reine Marie Leczinska venait de mourir; mais l'étiquette de ce deuil avait quelque chose de solennel et de grandiose qui saisit si fortement la jeune Henriette, qu'elle pouvait à peine se soutenir lorsqu'on l'introduisit chez les princesses. Le premier jour qu'elle fit la lecture à Mme Victoire, sa vue se troubla, sa voix faiblit et elle ne put articuler deux phrases.

Quand elle fut un peu habituée à l'atmosphère de la Cour, et que ce qui l'environnait n'eut plus l'attrait de la nouveauté, elle s'aperçut que sa situation n'était pas toujours enviable. Les habitudes de Mesdames étaient sérieuses, méthodiques; on n'y connaissait rien qui ressemblât aux plaisirs et aux distractions qui conviennent à une jeune fille de quinze ans. Mme Victoire et Mme Louise, auxquelles la jeune lectrice était spécialement attachée, vivaient fort retirées, et durant qu'on leur faisait la lecture, elles travaillaient à quelque ouvrage de tapisserie.

Elle voyait souvent chez les princesses, le roi Louis XV, qui lui inspirait une sorte de crainte dont elle ne put jamais s'affranchir; peut-être une repartie assez mordante du monarque fut-elle la cause de cette frayeur insurmontable.

« J'étais bien jeune, lorsque Louis XV m'adressa la parole pour la première fois : s'il fut gracieux, vous allez en juger. J'avais quinze ans. Le roi sortait pour aller à la chasse; un service nombreux le suivait. Il s'arrêta en face de moi.

» — Mademoiselle Genet, me dit-il, on m'assure que vous êtes fort instruite; que vous savez quatre ou cinq langues étrangères.

» — Je n'en sais que deux, sire, répondis-je en tremblant.

» — Lesquelles?

» — L'anglais et l'italien.

» — Les parlez-vous familièrement?

» — Oui, sire, très familièrement.

» — En voilà bien assez pour faire enrager un mari.

» Après ce joli compliment, le roi continue sa route ; la suite me salue en riant, et moi je reste quelques instants étourdie, confondue à la place où je venais de m'arrêter. »

Dans une autre circonstance, le prince se montra moins sévère.

« Un jour, au château de Compiègne, le roi interrompit la lecture que je faisais à Madame. Je me lève et je passe dans une autre chambre. Là, seule, dans une pièce qui n'avait point d'issue, sans autre livre qu'un Massillon que je venais de lire à la princesse, légère et gaie comme on l'est à quinze ans, je m'amusais à tourner sur moi-même, avec mon panier de grand habit, et je m'agenouillais tout à coup pour voir ma jupe de soie rose que l'air gonflait autour de moi. Pendant ce grave exercice, le roi entre; la princesse le suivait. Je veux me lever; mes pieds s'embarrassent, je tombe au milieu de ma robe enflée par le vent.

» — Ma fille, dit le roi en éclatant de rire, je vous conseille de renvoyer au couvent une lectrice qui fait des fromages. »

La jeune Henriette préférait Mme Victoire aux autres filles du roi; cette princesse était bienveillante, elle comprenait la jeunesse ; néanmoins, Mlle Genet rendait justice aux grandes qualités et à l'éminente piété de Mme Louise. Parfois elle faisait la lecture à cette dernière pendant cinq heures de temps; lorsque sa voix s'affaiblissait par la fatigue, la princesse elle-même préparait un verre d'eau sucrée et s'excusait de la faire lire si longtemps sur la nécessité où elle était d'achever un cours d'histoire dans un bref délai.

Après le départ de Mme Louise au couvent, départ dont les préparatifs avaient été tenus fort secrets, Henriette, tout éplorée, se jeta aux pieds de Mme Victoire et lui baisant la main, elle lui demanda si elle aussi songeait à aller se renfermer chez les Carmélites. La princesse la releva, l'embrassa et lui répondit en désignant le moelleux fauteuil à ressorts où elle s'étendait :

— Ah ! mon enfant, je n'aurai jamais le courage qu'a eu Louise, j'aime trop mes aises ; *voilà un fauteuil qui me perd.*

Dès qu'elle en eut obtenu l'autorisation, la jeune lectrice se rendit à Saint-Denis voir son auguste maîtresse ; celle-ci la reçut dans son parloir particulier.

— J'ai beaucoup abusé de vos jeunes poumons, deux ans avant d'exécuter mon projet, lui dit-elle ; je savais que je ne pourrais plus lire ici que les livres destinés à mon salut, et je voulais repasser tous les historiens qui m'avaient intéressée.

Peu d'années après son admission à la Cour, les noces du Dauphin, qui devait être l'infortuné Louis XVI, se célébrèrent avec éclat. La Dauphine visitait de préférence sa tante Victoire, qui était toujours bonne et affable; elle y rencontrait Mlle Genet et elle se sentait attirée vers cette jeune personne dont l'âge se rapprochait beaucoup du sien. Elle aimait à lui entendre faire de la musique, et souvent elle lui demanda de l'accompagner sur la harpe ou sur le piano quand elle voulait chanter les airs favoris de Grétry.

Mlle Genet avait connu chez ses parents et elle continuait à voir un officier rempli d'esprit et de distinction qui aspirait à sa main. M. Genet autorisait les assiduités du jeune homme, et le mariage était à peu près décidé quand on apprit qu'il n'était pas catholique; alors tout projet d'union fut abandonné. Mme Campan, qui rapporte ce fait dans sa correspondance, se borne à dire que si ce mariage se fût accompli, elle aurait perdu sa place de lectrice à la Cour; on aimerait à lui voir envisager cette grave question à un point de vue plus élevé.

Peu de temps après cette rupture, elle épousa M. Campan, dont le père était secrétaire du cabinet de la reine. A cette occasion, Louis XV lui donna comme dot 5,000 livres de revenu, et la Dauphine, en l'admettant au nombre des femmes de sa chambre, l'autorisait à continuer sa fonction de lectrice auprès de *Mesdames*. Elle-même, dans une de ses lettres, nous apprend en quoi consistait exactement ce poste de première femme de chambre.

« ...Ma ligne ne se rattachait ni par sa dénomination avec les grandes charges actuelles, ni par la considération et le rang qu'elle tenait alors avec les gens qui figurent en ce moment — premier empire — dans ces places, et qui ne sont que des domestiques. La première femme de chambre de la reine de France, en même temps lectrice et faisant près d'elle les fonctions de trésorière, était un personnage très marquant. 115,000 francs de rente dont je jouissais en 1787, des lettres de noblesse dont le roi avait daigné dicter lui-même la plus honorable forme, données au grand-père de mon fils, lorsqu'il vint au monde, pour le rendre apte à tous les postes, tout cela était une brillante position, mais qui ne me mettait ni dans la ligne des dames d'honneur ni dans celle des places inférieures.... »

Le mariage de Mme Campan ne fut pas heureux; son mari n'avait pas une conduite régulière; de plus, il était dissipateur. Il fit des dettes considérables et, plus tard, sa femme dut s'imposer, pour les payer, de grands sacrifices.

Le service de Mme Campan l'obligeant à rester presque constamment avec Marie-Antoinette, sa vie, durant bien des années, se trouve intimement liée avec celle de son auguste souveraine. Nous ne la suivrons pas durant cette période qui appartient à l'histoire; nous nous bornerons à raconter quelques épisodes qui la concernent personnellement.

La comtesse de Noailles, première dame d'honneur, avait pour les moindres prescriptions de l'étiquette, un respect, une vénération qui allait presque jusqu'à la manie. La plus légère dérogation aux usages prescrits la mettait hors d'elle-même. Un jour qu'il y avait une présentation chez la reine, les yeux de Mme de Noailles se fixent tout à coup sur Mme Campan; elle lui fait un signe de tête qu'accompagnent quelques gestes de la main. La jeune femme reconnaît à cette pantomime qu'elle a dû commettre quelque maladresse ou négliger un point quelconque du cérémonial indiqué en pareil cas. Elle regarde autour d'elle, n'aperçoit rien d'insolite, et cependant l'agitation de la dame d'honneur va toujours croissant. La reine voyait tout ce manège et s'en amusait; elle trouve le moyen de dire tout bas à Mme Campan :

— *Détachez vos barbes, ou la comtesse en mourra.*

L'étiquette du costume portait *barbes pendantes* et la jeune femme avait les siennes retenues par deux épingles!

Quand les premiers symptômes de la Révolution éclatèrent, le roi et la reine convaincus de la fidélité de Mme Campan et ayant confiance dans son bon jugement, la chargèrent, à différentes reprises, des missions les plus délicates. Laissons-la elle-même nous en faire le récit.

« ... Dans les premiers jours de septembre 1790, la reine, en se couchant, m'ordonna de laisser sortir tout son ser-

LOUIS XVI

vice et de rester près d'elle ; lorsque nous fûmes seules, elle me dit : « A minuit, le roi viendra ici. Vous savez qu'il vous a toujours distinguée, il vous donne la marque de confiance de vous choisir pour écrire sous sa dictée, tout le récit de l'affaire de Nancy — une grave insurrection. — Il faut qu'il en ait plusieurs copies. » A minuit, le roi entra chez la reine et me dit en souriant : « Vous ne vous attendiez pas à être mon secrétaire, et cela pendant la nuit. » Je suivis le roi, il me conduisit dans la salle du Conseil. J'y trouvai un cahier de papier, un encrier, des plumes, tout cela préparé. Il s'assit à côté de moi, et me dicta le rapport du marquis de Bouillé, qu'il copiait en même temps. Ma main tremblait, j'avais de la peine à écrire, mes réflexions me laissaient à peine le temps nécessaire pour écouter le roi. Cette grande table, ce tapis de velours, ces sièges qui ne devaient servir qu'aux premiers conseillers du souverain ; ce qu'avait été ce séjour, ce qu'il était dans ce moment où le roi employait une femme à des fonctions qui avaient si peu de rapport avec ses fonctions ordinaires ; les malheurs qui l'avaient amené à cette nécessité ; ceux que mon amour et mes craintes pour mes souverains me faisaient encore redouter : toutes ces idées me firent une telle impression que, rentrée dans l'appartement de la reine, je ne pus, du reste de la nuit, retrouver le sommeil ni me ressouvenir de ce que j'avais écrit. »

Au mois de juin de l'année suivante, Mme Campan partit pour les eaux du Mont-Dore avec son beau-père qui était fort souffrant. Avant son départ, il fut convenu que si la reine réussissait à gagner la frontière, ainsi qu'elle en avait l'intention, sa première femme irait la rejoindre. Mme Campan vivait retirée dans ce pays de montagnes, où les nouvelles de Paris arrivaient à grand'peine, attendant que sa souveraine lui donnât le signal convenu. Un jour, elle entendit crier avec de grands transports de joie que le roi et la reine étaient arrêtés ; elle eût voulu douter encore, mais le soir, cette triste nouvelle lui fut confirmée. Deux jours plus tard, elle recevait un billet dicté par Marie-Antoinette.

« Je vous fais écrire de mon bain, où je viens de me mettre, pour soulager au moins mes forces physiques. Je ne puis rien dire sur l'état de mon âme : nous existons, voilà tout.

Ne revenez ici que sur une lettre de moi, cela est bien important. »

Après la réception de cette lettre, Mme Campan retourna à Clermont : le Comité de surveillance voulut la faire arrêter ainsi que son beau-père ; mais il fut prouvé que ce dernier était réellement malade lorsqu'il avait quitté Paris, et on les laissa en liberté. Dans les premiers jours d'août, Mme Campan rentra à Paris et reprit son service auprès de la reine. Son frère, qui avait embrassé la carrière diplomatique, se trouvait, au début de la Révolution, secrétaire de légation à Saint-Pétersbourg. Il avait adopté les opinions nouvelles et s'était rangé du côté des Girondins. Les ennemis que Mme Campan avait à la Cour, mirent à profit cette circonstance et essayèrent de lui enlever la faveur de ses augustes maîtres. Ils ne purent y réussir, et la reine, non contente d'exprimer à sa première femme la confiance qu'elle lui inspirait, voulut lui en donner l'assurance par écrit. Voici la teneur de ce billet :

« Je n'ai cessé de vous distinguer et de vous donner, à vous et aux vôtres, des preuves de mon attachement; je veux vous dire, par écrit, que je crois à votre honneur et à votre fidélité, autant qu'à vos autres bonnes qualités, et que je compte toujours sur le zèle et l'intelligence que vous employez à me servir. »

Dans ses *Mémoires*, Mme Campan nous a laissé l'histoire de ce papier. « Je venais de recevoir cette lettre de la reine, lorsque M. de la Chapelle, commissaire général du roi et chef des bureaux de M. de la Porte, ministre de la liste civile, vint me voir. Le palais ayant déjà été forcé le 20 juin par les brigands, il me proposa de lui confier cet écrit pour le mettre en un lieu plus sûr que ne l'était l'appartement de la malheureuse reine. Rentré dans ses bureaux, il plaça la lettre derrière un grand tableau qui était dans son cabinet.... Au 10 août, M. de la Chapelle fut jeté dans les prisons de l'Abbaye, et le Comité de salut public s'établit dans ses bureaux d'où il dicta tous les arrêts de mort. M. de la Chapelle fut sauvé comme par miracle des massacres du 2 septembre. Le Comité de salut public ayant quitté ses bureaux pour s'installer aux Tuileries dans l'appartement du roi, M. de la Chapelle eut la permission de rentrer dans ses cabinets pour y prendre quelques effets qui lui appartenaient. Ayant retourné le tableau derrière lequel il avait caché la lettre de la reine, il la retrouva à la place où il l'avait glissée, et ravi de voir que j'étais à l'abri du mal que la découverte de ce papier eût pu me faire, il le brûla à l'instant même. »

Le roi avait fait faire, pour renfermer des papiers importants et secrets, une armoire de fer parfaitement dissimulée dans un mur; il fut averti que le serrurier, chargé de ce travail, en avait parlé à plusieurs personnes; alors, il retira de l'armoire, d'après le conseil de la reine, ses papiers les plus intéressants et les renferma dans un grand portefeuille; le dépôt en fut confié à Mme Campan.

« ... Je voulus prendre le portefeuille et l'emporter dans mon appartement; il était trop lourd pour que je pusse le soulever. Le roi me dit qu'il allait le porter lui-même; je le précédai pour lui ouvrir les portes. Quand il eut déposé ce portefeuille dans mon cabinet intérieur, il me dit seulement: « La reine vous dira ce qu'il contient. » Rentrée chez la reine, je le lui demandai, jugeant, par les paroles du roi, qu'il était nécessaire que j'en fusse instruite. « Ce sont, me répondit la reine, des pièces qui seraient des plus funestes pour le roi si on allait jusqu'à lui faire son procès. Mais ce qu'il veut sûrement que je vous dise, c'est qu'il y a dans ce même portefeuille un procès-verbal d'un conseil d'État dans lequel le roi a donné son avis contre la guerre. Il l'a fait signer par tous les ministres, et dans le cas même de ce procès, il compte que cette pièce serait très utile. »

Achevons tout de suite l'odyssée de ce portefeuille. Après la funeste journée du 10 août, Mme Campan le remit à M. Gougenot, maître d'hôtel du roi. C'était le moment des visites domiciliaires et des perquisitions; la personne, quelle qu'elle fût, qu'on eût trouvée en possession d'un tel dépôt, aurait infailliblement péri. M. Gougenot aiguillonné par la peur rapporta donc le portefeuille à Mme Campan qui était alors réfugiée chez M. Auguié, son beau-frère.

« ... Il entra dans ma chambre, couvert d'une houppelande sous laquelle il portait avec beaucoup de peine le portefeuille que je lui avais confié! Il le jeta à mes pieds et me dit : « Voilà votre dépôt, je ne l'ai pas reçu des mains mêmes de notre malheureux roi; en vous le remettant j'ai rempli ma tâche. » Après avoir dit ces mots, il voulut sortir; je l'arrêtai en le suppliant de concerter avec moi ce que je devais faire dans une si cruelle circonstance. Il se refusait à ma prière et ne voulait pas même connaître le parti que je prendrais. Je lui dis que mon logement allait être investi; je lui confiai ce que la reine m'avait dit sur le contenu du portefeuille. A tout cela il répondait : « Voyez, décidez-vous. Je ne veux y être pour rien. » Alors je restai quelques secondes à penser.... « Ouvrons le portefeuille, dis-je, sauvons la pièce indiquée par la reine, détruisons les autres. » Je pris un couteau, et je perçai un des côtés du portefeuille. Je vis une quantité d'enveloppes avec les titres de la main du roi. M. Gougenot y trouva les anciens sceaux, tels qu'ils étaient avant que l'Assemblée en eût fait changer la légende. Dans ce moment nous entendîmes un grand bruit; il consentit à nouer le portefeuille, à le reprendre sous sa houppelande et à se rendre dans un endroit sûr pour exécuter ce que j'avais pris sur moi-même de décider. Il me fit jurer au nom de ce que j'avais de plus sacré, que j'affirmerais, dans tous les cas possibles, que le parti que je prenais ne m'avait été dicté par personne et que, quel qu'en fût le résultat, j'en prenais pour mon propre compte la louange ou le blâme. Je levai la main et lui fis le serment qu'il exigeait; il sortit. Une demi-heure après, beaucoup d'hommes armés arrivent chez moi; on met des factionnaires à toutes les issues; on enfonce des secrétaires et des armoires dont on n'avait pas les clefs; on fouille dans les vases et dans les caisses du jardin; on visite les caves. Le commandant dit à plusieurs reprises : « Cherchez surtout les papiers. » Dans l'après-midi, M. Gougenot revint, il avait encore les sceaux de France et m'apportait un état de tout ce qu'il avait brûlé.... Il jeta un des sceaux dans la rivière de dessus le Pont-Neuf et le second près du Pont-Royal.... »

Retournons un peu en arrière. L'année 1792 s'annonçait sous les plus sombres auspices; depuis le voyage de Varennes, le roi et la reine étaient surveillés avec soin; la trahison se glissait même dans leur entourage; ils avaient tout à redouter : le fer et le poison. Pendant le mois de juillet où elle était de service, Mme Campan n'osa se coucher dans son lit, afin d'être prête au premier signal de son auguste maîtresse.

« Une nuit, vers une heure du matin, lisons-nous dans ses *Mémoires*, j'étais seule auprès du lit de la reine ; nous entendîmes marcher doucement dans le corridor qui régnait le long de son appartement, et qui était alors fermé à clef aux deux extrémités. Je sortis pour aller chercher le valet de chambre ; il entra dans le corridor, et nous entendîmes bientôt, la reine et moi, le bruit de deux hommes qui se battaient. Cette malheureuse princesse me tenait serrée de ses bras et me disait : « Quelle position ! Des outrages le jour, des assassins la nuit ! » Le valet de chambre lui cria du corridor : « Madame, c'est un scélérat que je connais, je le tiens. — Lâchez-le, répondit la reine, ouvrez-lui la porte ; il venait pour m'assassiner, il serait demain porté en triomphe par les Jacobins. » Cet homme était un garçon de toilette du roi qui avait pris la clef du corridor dans la poche de Sa Majesté, après son coucher, et sans doute dans le dessein de commettre cet attentat. Le valet de chambre, homme d'une très grande vigueur, le tenait par les poignets et le mit à la porte.... Le lendemain, M. de Septeuil fit changer toutes les serrures de l'intérieur du roi ; j'en fis autant pour celui de la reine. »

Dans ce même temps à peu près, la princesse de Lamballe qui habitait le pavillon de Flore fit demander Mme Campan. Empruntons encore aux *Mémoires* le récit de cette entrevue.

« ... Son Altesse tenait sur ses genoux une écritoire. « Vous avez eu bien des ennemis, me dit-elle ; on a voulu vous perdre auprès de la reine ; on est loin d'avoir réussi. Savez-vous que moi-même, vous connaissant moins particulièrement que la reine, on m'avait mise en défiance de vous, et qu'au commencement de l'arrivée de la cour aux Tuileries, je vous ai donné un espion de société, et vous en fis donner un autre de la police à votre porte ?... Vous allez juger de l'opinion du roi sur vous : hier au soir, dans le cercle de famille, il a été décidé que dans un moment où les Tuileries peuvent être attaquées, il fallait avoir les détails les plus vrais sur les opinions et la conduite de tous les individus qui composent le service de la reine. Le roi prend de son côté, pour ce qui l'entoure, la même précaution. Il a dit que pour la maison de la reine il fallait s'en rapporter à vous; qu'il avait jugé votre caractère depuis longtemps, et qu'il estimait votre véracité. » La princesse avait sur son écritoire les noms de tous les individus qui composaient la chambre de la reine. Elle me demanda des notes sur chacun de ces noms.... J'eus le bonheur de n'avoir que les notes les plus favorables à donner. Il y en eut une qui concernait mon ennemie déclarée dans la chambre de la reine, celle qui aurait le plus désiré que je fusse responsable des opinions politiques de mon frère. La princesse, comme chef de la chambre, ne pouvait ignorer ces détails; mais comme cette femme qui adorait le roi et la reine, n'aurait pas balancé à sacrifier sa vie pour conserver leurs jours, et que peut-être son attachement joint à une grande médiocrité d'esprit et à une éducation bornée, contribuait à sa jalousie contre moi, j'en fis le plus grand éloge. La princesse écrivait sous ma dictée et me regardait de temps en temps avec étonnement. Quand j'eus fini, je lui dis que je suppliais Son Altesse d'écrire à mi-marge que cette dame était mon ennemie déclarée. Elle m'embrassa en me disant : « Ah! l'écrire! On ne doit pas écrire une injustice qu'il faut oublier. Je la défie à l'avenir de pouvoir vous faire aucun mal. »

Arrivons à cette funeste journée du 10 août qui vit l'effondrement total de la monarchie. Pendant que le roi et sa famille se rendaient à l'assemblée, un certain nombre de dames d'honneur et d'autres dames étaient restées dans les appartements de la reine; au nombre de ces dernières était Mme Campan. Dans ces moments de danger imminent, on tient à se voir entouré de ceux qu'on aime, Mme Campan cherche sa sœur des yeux, elle ne l'aperçoit pas, elle monte à un entresol où elle suppose qu'elle s'est réfugiée. Donnons-lui la parole.

« ... Je ne trouvai pas ma sœur dans cette pièce, je n'y vis que nos deux femmes de chambre et l'un des deux heiduques de la reine, homme d'une très haute taille et d'une physionomie tout à fait martiale. Je le vis pâle et assis sur un lit, je lui criais : « Sauvez-vous! les valets de pied et nos gens le sont déjà. — Je ne le puis, me dit cet homme, je suis mort de peur. » Comme il disait ces mots, j'entends une troupe d'hommes monter précipitamment l'escalier, ils se jettent sur lui, je le vois assassiner. Je cours vers l'escalier suivie de nos femmes. Les assassins quittent l'heiduque pour venir à moi. Ces femmes se jettent à leurs pieds et saisissent les sabres. Le peu de largeur de l'escalier gênait les assassins; mais j'avais déjà senti une main terrible s'enfoncer dans mon dos, pour me saisir par mes vêtements, lorsqu'on cria du bas de l'escalier : « Que faites-vous là-haut? » L'horrible Marseillais qui allait me massacrer répondit un *heim* dont le son ne sortira jamais de ma mémoire. L'autre voix répondit ces seuls mots : *On ne tue pas les femmes.* J'étais à genoux, mon bourreau me lâcha et me dit : *Lève-toi, coquine, la nation te fait grâce.* La grossièreté de ces paroles ne m'empêcha pas d'éprouver soudain un sentiment inexprimable qui tenait presqu'autant à l'amour de la vie qu'à l'idée que j'allais voir mon fils et tout ce qui m'était cher. On voit rarement la mort de si près sans la subir. Je peux dire qu'alors les organes, quand on ne s'évanouit pas, sont dans tout leur développement, et que j'entendais les moindres paroles des assassins comme si j'eusse été de sangfroid.... Près de la grille du côté du pont, les hommes qui me conduisaient me demandèrent où je voulais aller. Sur la question que je leur fis s'ils étaient les maîtres de me mener où je désirais, un d'eux qui était Marseillais me demanda, en me poussant avec la crosse de son fusil, si je doutais encore de la puissance du peuple. Je lui répondis que *non*, et j'indiquais le numéro de la maison de mon beau-frère. Je vis ma sœur montant les degrés du parapet du pont, environnée de gardes nationaux. Je l'appelai, elle se retourna. « Veux-tu qu'elle vienne avec toi? » me dirent mes gardiens. Je leur dis que je le désirais; ils appelèrent les gens qui conduisaient ma sœur en prison : elle me rejoignit....

» Notre course, du palais des Tuileries jusque chez ma sœur, fut des plus pénibles. Nous vîmes tuer plusieurs Suisses qui se sauvaient; les coups de fusils se croisaient de tous côtés.... Les brigands avaient cassé des fontaines qui se trouvaient dans l'antichambre de la reine; l'eau mêlée au sang avait teint le bas de nos robes blanches. Les poissardes criaient après nous dans les rues que nous étions attachées à l'*Autrichienne*. Nos gardiens alors nous montrèrent des égards, et nous firent entrer sous une porte cochère pour ôter nos robes ; mais nos simples jupons de dessous étant trop courts et nous donnant l'air de personnes déguisées, d'autres poissardes se mirent à crier que nous étions de jeunes Suisses habillés en femmes. Nous vîmes alors venir dans la rue un groupe de cannibales portant la tête du pauvre *Mandat*. Nos gardes nous firent entrer précipitamment dans un petit cabaret, demandèrent du vin et nous dirent de boire avec eux. Ils assurèrent la cabaretière que nous étions leurs sœurs et de bonnes patriotes. Les Marseillais nous avaient heureusement quittées pour retourner aux Tuileries. »

Pendant ce désordre, la maison de Mme Campan, qui était située place du Carrousel, fut incendiée et pillée.

Après que le roi et sa famille eurent été enfermés dans l'ancien couvent des Feuillants, Mme Campan et sa sœur se rendirent auprès d'eux ; les augustes prisonniers occupaient quatre cellules. Lorsque ces dames pénétrèrent dans la pièce qu'habitait le roi, celui-ci se faisait arranger les cheveux ; il prit deux mèches qu'on venait de couper, en donna une à Mme Auguié et l'autre à Mme Campan. Elles voulurent lui baiser la main, mais l'infortuné monarque s'y opposa et les embrassa toutes les deux en pleurant, trop ému pour parler. Elles passèrent ensuite dans la cellule où se tenait la reine. Sa Majesté leur tendit les bras et les embrassa sans pouvoir retenir ses larmes.

Mme Campan ignorait que cette entrevue était la dernière qu'elle dût avoir avec sa souveraine ; le lendemain, quand elle se présenta, toutes les portes lui furent fermées. Elle insista pour être admise et n'obtint qu'un refus persistant. Quand la famille royale fut transférée au Temple, elle s'adressa plusieurs fois à Pétion pour reprendre ses fonctions auprès de son auguste maîtresse, mais l'autorisation lui en fut constamment refusée. A de nouvelles instances qui furent faites par M. de Valadon, Pétion répondit par ces cruelles paroles : « Que Mme Campan se console de ne pas aller au Temple, le service qui est entré n'y restera pas longtemps. »

Pendant le règne sanglant de la Terreur, Mme Campan vécut retirée au château de Coubertin, dans la vallée de Chevreuse. Elle s'occupait de l'éducation de ses nièces, préludant ainsi aux fonctions qu'elle devait plus tard exercer avec tant d'éclat. Elle voyait de temps en temps la duchesse de Luynes qu'elle avait connue à la Cour et qui habitait un château voisin; elles s'entretenaient des infortunes de la famille royale et elles pleuraient ensemble.

Un mois après la chute de Robespierre, voyant que la France était dans une situation relativement tranquille, Mme Campan résolut de mettre à exécution un projet qu'elle avait nourri dans la solitude, celui de fonder une maison d'éducation. Il ne lui restait rien de sa fortune d'autrefois et elle devait songer à soutenir sa mère âgée et à pourvoir à l'éducation de son fils. Comme elle ne possédait plus qu'un assignat de 500 livres et que cette ressource suprême était à ménager, elle ne voulut pas faire imprimer ses prospectus, ce qui eût été une grosse dépense, elle en écrivit elle-même une centaine qu'elle envoya aux personnes de sa connaissance. Elle s'adjoignit une ancienne religieuse de l'Enfant-Jésus pour donner la garantie non douteuse de ses principes religieux et elle posa les premières bases de son pensionnat.

Elle choisit la ville de Saint-Germain qui ne lui rappelait pas, comme Versailles, de chers et douloureux souvenirs. L'année suivante, elle comptait dans son établissement de cinquante à soixante élèves. Après les jours terribles qu'on venait de traverser, les formes austères qu'avait affectées la Convention, la société éprouvait le besoin de revenir à des habitudes d'élégance et de politesse dont la tradition était en voie de se perdre. Mme Campan comprit à merveille cette situation particulière et elle sut en tirer parti; aussi son pensionnat obtint-il bientôt un succès sans précédent. Peut-être au début sacrifia-t-elle un peu la partie solide de l'éducation et donna-t-elle la prépondérance à la partie brillante; ses ennemis profitèrent de cette faute pour essayer de lui nuire, mais elle eut le bon esprit de modifier ses premiers plans et de diminuer la publicité de ses examens.

Mme de Beauharnais lui confia sa fille Hortense; en recevant cette jeune personne qui n'avait, ni dans sa famille, ni dans son entourage, rien de plus marquant que les autres élèves, Mme Campan était loin de se douter qu'elle lui devrait une situation exceptionnelle. Six mois plus tard, l'institutrice était chargée d'annoncer à Hortense que sa mère allait changer de nom et épouser un jeune général, d'origine corse, qui venait de s'illustrer en Italie. En apprenant qu'elle allait avoir un beau-père, Mlle de Beauharnais ne put retenir ses pleurs; elle aussi ignorait l'avenir, mais l'eût-elle su que peut-être ses larmes auraient coulé plus amères et plus abondantes, car elle devait expérimenter que si la grandeur et un rang élevé apportent quelques jouissances, ils tiennent en réserve bien des mécomptes et bien des déceptions.

Mme Campan devint veuve en 1797; cet événement ne l'affecta pas outre mesure; depuis de longues années, aucune intimité n'existait entre les deux époux, et si elle ressentit cette tristesse que la mort entraîne toujours à sa suite, elle n'éprouva point un de ces vides cruels que le temps même est impuissant à combler.

Mme Campan qui essayait de copier un peu ce que Mme de Maintenon avait fait à Saint-Cyr, donna des représentations théâtrales à Saint-Germain. On y joua Racine, et Hortense de Beauharnais fut chargée du rôle d'Esther; à cette réunion figuraient comme jadis à Saint-Cyr, les plus hauts personnages de l'État: Napoléon, alors premier consul, des généraux, des ministres, etc.

Durant plusieurs années, l'établissement de Saint-Germain se maintint dans l'état le plus florissant; toutes les princesses de la maison impériale ou alliées à cette maison y étaient élevées, ce qui achevait de la mettre à la mode. Mme Campan avait pu payer une partie des dettes de son mari, elle s'était acheté une petite ferme, son fils occupait une situation honorable, ses nièces, qu'elle regardait comme ses enfants, étaient, grâce à la munificence impériale, mariées avantageusement. Tout semblait donc lui sourire et plus tard elle dut amèrement regretter la prospérité de ces belles années, mais elle ne sut pas en jouir pleinement : égarée par l'ambition et par l'intérêt, elle songea moins à goûter son bonheur présent qu'à regretter, à désirer ce qui pouvait lui manquer encore.

Après la bataille d'Austerlitz où tant de braves tombèrent

sur le champ de bataille, Napoléon conçut un vaste projet : faire élever aux frais de l'État les filles, les sœurs des légionnaires, et donner ainsi à ses guerriers la certitude que les êtres qu'ils aimaient le plus au monde ne resteraient pas sans protection. Bon nombre de voix désignaient Mme Campan pour être placée à la tête de cette fondation, et les succès qu'elle avait remportés dans sa carrière d'institutrice, méritaient cette distinction. Elle eut de grandes angoisses au moment de cette nomination, car il était difficile de pénétrer les intentions de l'empereur, et les uns parlaient d'une abbesse, les autres de Mme de Genlis. Mme Campan écrivit à la reine de Hollande, son ancienne élève, la suppliant de parler ou d'écrire à l'empereur ; on peut dire même qu'à cette occasion elle la fatigua de ses plaintes et de ses lamentations.

« ... D'ici à huit jours, l'empereur aura nommé pour Écouen... Si ce n'est pas moi, si, après avoir été admise dans la société du premier Consul, honorée de sa visite quatre fois, choisie par lui pour élever sa famille, je reste là où l'on m'a trouvée, le chagrin minera ma santé, et je survivrai peu à cette honte non méritée.... Si Votre Majesté savait les insolences dont on m'abreuve et qui ne sont pas chimériques. Ah ! j'ai bien souffert, quand j'aurais dû bien jouir ; cette étoile qui m'avait envoyé dans ma résignation le berceau qui contenait tant de rois et de reines, cette étoile qui a été si utile à tant d'autres, m'aura-t-elle seule abandonnée ? En pensant à vous, Madame, je ne puis le croire. »

Enfin, le 3 septembre 1807, la reine Hortense l'informa qu'elle était nommée surintendante de la maison d'Écouen. Tout était à créer, et dans une fondation de ce genre, il ne fallait pas agir de la même façon que pour un établissement particulier. De concert avec le comte de Lacépède, alors grand chancelier de la légion d'honneur, Mme Campan traça avec une intelligence consommée et un ordre admirable, un plan qui embrassait non seulement l'éducation et l'instruction de trois cents jeunes filles, mais aussi les soins physiques, les règlements intérieurs et tous les détails de l'administration. Elle s'inspira beaucoup de Saint-Cyr, et elle eut soin de modifier bon nombre de choses qui ne pouvaient s'accorder ni avec l'esprit de ce XIXe siècle, bien différent du siècle de Louis XIV, ni avec les ressources qu'on mettait à sa disposition.

Napoléon, dont le vaste génie ne semblait étranger à rien et qui savait descendre à l'examen des moindres détails, ne trouva rien à reprendre dans l'organisation d'Écouen, et il fut forcé de dire : Tout est bien. Le règlement portait que les élèves entendraient la messe le dimanche et le jeudi; en marge, l'empereur écrivit, de sa main, *tous les jours*. Que penserait-il des écoles laïques d'aujourd'hui, d'où le nom même de Dieu est banni?...

Dans le courant de l'année 1813, Mme Campan termina ses *Mémoires;* nous y avons fait de larges emprunts, et la lecture en est intéressante. Ainsi qu'il arrive presque toujours aux écrits historiques, on en a suspecté la sincérité; nous ne sommes nullement compétente pour nous prononcer dans une pareille question, nous nous bornerons à citer ces paroles de l'auteur : « Oui, reine infortunée, je dirai la vérité sans que ton ombre puisse en souffrir; la vérité doit servir celle que le mensonge avait si cruellement outragée. »

Sous la Restauration, la maison d'Écouen fut supprimée, et Mme Campan ruinée par la dernière guerre, se trouva presque sans ressources; elle eut à subir les calomnies les plus odieuses. Elle avait perdu plusieurs êtres bien chers, entre autres sa nièce, Mme de Broc, victime d'un horrible accident. Sa santé était fort affaiblie, elle sentait le besoin d'un repos, d'un calme qu'il lui était impossible de goûter à Paris; elle s'établit à Mantes où habitait une de ses élèves les plus aimées, Mlle Crouzet, mariée à un médecin distingué, M. Maigne. Elle vivait très retirée, s'occupant de retoucher ses *Mémoires* et ne voyant qu'un petit nombre de personnes. Elle recevait de la reine Hortense qui vivait alors à *Arenenberg*, sous le nom de duchesse de Saint-Leu, une pension de 6,000 francs et elle entretenait avec sa bienfaitrice une correspondance suivie.

Dans une lettre de 1816, elle lui parle de son installation. « ... J'ai loué une petite maison à Mantes; mon fils, sans état, mais formé par le malheur et jouissant d'une meilleure santé, va venir m'y rejoindre. Malheureusement mon revenu est un peu au-dessous de ce qu'il me faudrait pour acquitter mes engagements et vivre selon les besoins que m'imposent mon âge et ma santé. Je ne garde que ma bonne et fidèle Voisin, et une servante pour les ouvrages pénibles, comme ma petite cuisine et le ménage à faire. J'y vivrai seule; des livres et des

LACÉPÈDE

souvenirs occuperont mes instants de repos; ma promenade, mon jardin et mes poules seront l'emploi de mes moments d'activité, mais dans l'une et l'autre position, mon cœur s'occupera de vous... »

Dans une autre lettre, elle raconte un pèlerinage ou plutôt le départ d'un pèlerinage en Terre-Sainte, dont les détails tout particuliers nous ont paru curieux et intéressants. « ... Lundi dernier, une dame veuve est partie d'une terre à trois lieues de Mantes, se rendant en pèlerinage à la Terre-Sainte. Elle ne fait que cinq lieues par jour, ayant une station à chacune des paroisses qui se trouveront à cette distance sur sa route. Elle voyage dans une bonne voiture, en poste, et a pris avec elle un ecclésiastique et un homme qui est chargé des dépenses de ce voyage. Elle a de plus une calèche qui contient quatre gars de dix-huit à vingt-cinq ans qui lui servent d'escorte, elle les a enrôlés pour trois ans; elle les défraie de tout, et a déposé cent mille francs chez un notaire pour être distribués selon l'acte passé entre ses deux compagnons et ses quatre gardes de corps. Les deux premiers auront soixante mille francs partagés également entre eux deux; quarante mille francs seront partagés entre les hommes de sa suite. Elle a destiné cent mille écus à ce voyage. Les curés, prévenus de son passage, la reçoivent à la porte des églises. Mardi, elle a été ainsi reçue à Gisors, où elle a passé pour des raisons particulières, car ce n'était pas sa route.... Elle n'a pas voulu avoir de femmes, craignant leur délicatesse... »

Mme Campan dépassait soixante ans, elle avait dans cette longue carrière, vu disparaître bien des êtres chéris; mais Dieu qui a ses desseins, qu'il ne nous appartient pas de sonder, lui réservait un coup plus terrible que tous ceux qui l'avaient atteinte précédemment : son fils, son Henry, sur qui elle avait reporté la tendresse de son cœur, lui fut ravi, sans que rien eût annoncé une fin aussi rapide et aussi prématurée. Comment lui annoncer ce triste événement?...

Laissons M. Maigne, son médecin, nous faire ce navrant récit. « Je n'ai jamais été témoin d'une aussi déchirante scène que celle qui se passa lorsque sa sœur et sa nièce vinrent lui annoncer ce malheur. Au moment où elles entrèrent dans sa chambre, elle était encore au lit. Toutes trois poussèrent à la fois un cri perçant. Ces deux dames se jetèrent à genoux, et baisaient ses mains qu'elles mouillaient de leurs larmes.

Elles n'eurent le temps de lui rien dire : elle lut sur leurs visages qu'elle n'avait plus de fils. A l'instant, ses grands yeux, découverts jusqu'au blanc, s'égarèrent. Sa figure pâlit, tous ses traits s'altérèrent. La bouche ne proférait que des paroles entrecoupées, accompagnées de cris aigus. Les mouvements étaient désordonnés, la raison suspendue. Chaque partie de son être souffrait. La respiration suffisait à peine aux efforts que faisait cette malheureuse mère pour exprimer sa douleur et la porter au dehors. Cet état d'angoisse et de désespoir ne commença à se calmer que lorsque les larmes vinrent à couler. Je n'ai vu de ma vie rien de si triste et si imposant : l'impression que j'éprouvai ne s'effacera jamais de ma mémoire. »

Dans le courant de cette même année 1821, Mme Campan alla passer quatre mois en Suisse, près de la duchesse de Saint-Leu ; ces quelques semaines de douce intimité avec son élève chérie, furent pour sa douleur un grand allègement et enrayèrent pour quelque temps le mal terrible qui la rongeait. Au retour, ses souffrances augmentèrent et les médecins qui la soignaient, jugèrent une opération indispensable. Voici dans quels termes elle apprend cette nouvelle à la duchesse.

« Quand vous recevrez cette lettre, j'aurai subi une opération que je ne puis éviter sans courir les horribles chances d'un cancer au sein. La glande est devenue plus dure, plus douloureuse, il ne faut pas lui donner le temps de se corrompre et d'abcéder : alors on a une mort certaine. L'héroïsme des femmes ne peut être que casanier, la résignation et non l'audace en est la source..... »

La température ne paraissant pas favorable, les médecins retardèrent l'opération qui, décidée en novembre 1821, n'eut lieu qu'au mois de février 1822.

Quoique la piété de Mme Campan ne fût pas très ardente, elle avait la foi et, avant de se mettre entre les mains des chirurgiens, elle voulut remplir ses devoirs religieux.

Elle eût souhaité recevoir le saint Viatique sans aucun apparat, le curé de la paroisse n'y consentit pas ; il pensait avec raison qu'un tel acte accompli publiquement par une femme comme Mme Campan ne pouvait que servir la religion et encourager les pusillanimes.

Durant l'opération qui fut faite avec une rare promptitude et une grande sûreté de main, la patiente montra un courage admirable. Pas un cri, pas un geste ne lui échappa. Aucun symptôme fâcheux ne s'était présenté, la plaie se cicatrisait et on croyait la malade en voie de guérison, lorsque l'humeur qui était dans le sang prit un autre cours et la poitrine s'embarrassa.

Le jour de sa mort, 16 mars, on ouvrit la fenêtre de la chambre, le ciel était pur et serein « Voilà l'air et le climat de la Suisse, dit-elle, que je suis heureuse d'y être allée ! J'y ai passé deux mois d'un bonheur sans mélange. » Puis sa pensée se reportant vers sa chère élève devenue sa bienfaitrice : « Son âme est si belle et nos cœurs s'entendaient si bien ! »

Son médecin rapporte que peu d'instants avant l'heure suprême il s'était éloigné du lit de la mourante; elle le rappela d'un son de voix plus élevé que de coutume, il accourut aussitôt et Mme Campan, se reprochant ce mouvement de vivacité, lui dit : Comme on est impérieux quand on n'a plus le temps d'être poli ! »

Depuis quarante ans, elle avait auprès d'elle une humble amie qui ne l'avait jamais quittée et qui avait été la confidente et le témoin de toutes ses épreuves, Mme Voisin qu'elle nommait toujours *Bonne* Voisin. « Du couràge, lui dit-elle, la mort ne sépare pas des amies comme nous. »

Peu de temps après, cette fidèle compagne alla rejoindre celle qu'elle avait tant aimée, et, suivant le désir qu'elle en avait exprimé, ses restes mortels reposèrent près de ceux de Mme Campan.

Outre les *Mémoires* dont nous parlions plus haut, Mme Campan a laissé un traité sur l'*Éducation des femmes* et un recueil de lettres. Ces ouvrages sont émaillés de conseils judicieux, de réflexions fort sages, de remarques qui témoignent d'un bon esprit et d'une grande expérience; mais on n'y découvre aucun aperçu nouveau, rien qui sorte des lieux communs qu'on a coutume de trouver dans les traités analogues. Ce n'est ni la raison lumineuse, ni les vues élevées, ni le style noble et simple tout à la fois de Mme de Maintenon, cette éducatrice incomparable, doublée d'un écrivain de premier ordre.

Quelques-unes des grandes élèves de Mme Campan lui ayant un jour demandé en quoi consistait *le bon ton*, elle le définit ainsi :

De la dignité sans hauteur;
De la politesse sans fadeur;
De la confiance sans hardiesse;
Du maintien sans raideur;
Des grâces sans affectation;
De la réserve sans pruderie;
De la gaieté sans bruyants éclats;
De l'instruction sans pédanterie;
Des talents sans prétention;
De l'envie de plaire sans coquetterie.

A une jeune personne rentrée dans sa famille, elle conseille de fuir la lecture des romans et elle ajoute : « .... Toujours des amours, des fidélités à toute épreuve, des attachements éternels, tandis qu'il n'en existe pas, et que le lien du mariage, la naissance des enfants et les principes d'une vertu austère sont les seules bases des attachements qui s'écoulent et finissent avec nos jours; d'ailleurs, ils peignent avec une apparence de vérité le monde tel qu'il n'est pas.

Je l'ai dit cent fois, c'est une fausse carte de géographie qui promet au voyageur trompé un pont facile là où il ne trouvera qu'un torrent impraticable, un bois sombre et rafraîchissant à la place d'une plaine brûlante.... »

Citons pour finir le jugement qu'elle portait sur Mme de Staël à propos de l'ouvrage, *Considérations sur la Révolution française* : « .... La vérité s'y trouve dans les faits d'ancienne date, tandis que la passion s'y fait sentir dans les portraits. Cependant quelle tête féminine que celle d'où sont sortis ces trois volumes ! Quel jeu de la nature ! Un chapeau, des fleurs, une jupe n'allaient pas plus à cette muse politique, que le tablier d'une fille d'auberge ne convenait à Jeanne d'Arc. Je conçois qu'on l'ait traitée comme un homme, mais on l'eût désarmée en la traitant comme une femme.... »

MADAME DE GENLIS

Il serait, à notre avis, intéressant d'établir un parallèle entre Mme de Genlis et Mme Campan; l'une et l'autre occupèrent à la Cour un rang distingué et y remplirent des missions délicates; l'une et l'autre virent les jours sanglants de la Révolution, celle-ci dans le palais même de ses souverains, celle-là sur la terre de l'exil; l'une et l'autre avaient reçu de Dieu un don spécial pour l'enseignement, et toutes deux comptèrent, parmi leurs élèves, des têtes couronnées; enfin, l'une et l'autre ont laissé des Mémoires intéressants. Malgré cette similitude, elles eurent des existences bien dissemblables qui n'offrent aucun rapport; cette apparente singularité s'explique peut-être autant par la différence de leur caractère que par la différence de leur situation sociale. Nos lecteurs en jugeront.

Félicité Ducrest de Saint-Aubin naquit le 25 janvier 1746, à Champcéry, près d'Autun. Elle était très faible, très délicate, et on n'osa l'emmaillotter; on la plaça sur un oreiller dont les deux côtés furent soigneusement repliés, et elle fut déposée ainsi dans un des fauteuils du salon. Le bailli, étant venu faire des compliments au marquis, fut reçu au salon. Il voulut s'asseoir, et comme il avait la vue un peu basse, il ne s'aperçut pas que le siège qu'il choisissait était encombré; il allait s'y laisser tomber, quand une des femmes, qui, heureusement, se trouvait là, jeta un cri de terreur, et enleva la pauvre enfant. Elle fut confiée à une nourrice qui, sans souci des recommandations qui lui furent adressées, l'éleva à sa façon; cette façon toute rustique se trouvait être la bonne, puisque la petite vint à merveille. Elle lui faisait manger du vin mêlé d'eau, auquel, suivant l'usage du pays, elle ajoutait un peu de mie de pain de seigle : ce mélange, en Bourgogne, s'appelle *miaulée*.

La petite Félicité n'avait guère plus de cinq ans lorsque son père acheta le marquisat de Saint-Aubin ; le château, situé près de la Loire, était antique et délabré ; néanmoins, il avait grand air. De l'autre côté de la Loire, était située l'abbaye de Sept-Fonts. Félicité et son frère, plus jeune qu'elle de seize mois, furent conduits à l'abbaye ; ce qui les frappa davantage dans cette visite, ce fut le silence que gardaient les moines. Le marquis, témoin de leur étonnement naïf, sut en tirer parti quand l'occasion s'en présenta. De même que tous les enfants de leur âge, le frère et la sœur étaient fort bruyants dans leurs jeux, et leur babil intarissable fatiguait souvent leur père.

— Jouez donc, leur dit-il un jour, aux Pères de Sept-Fonts.

Ils goûtèrent le conseil, et jouer aux Pères de Sept-Fonts devint un de leurs passe-temps favoris, à la grande satisfaction du marquis.

Un peu plus tard, vers l'âge de sept ans, Félicité fut conduite à Lyon par une de ses tantes, Mme de Bellevan, afin d'être reçue chanoinesse du chapitre noble d'Alix ; elle était accompagnée d'une jeune cousine qui devait être élevée à la même dignité. Le chapitre, formé de nombreux et vastes bâtiments, présentait un coup d'œil singulier. Il était composé de jolies petites maisons toutes pareilles, ayant chacune un jardinet ; ces maisons étaient disposées en demi-cercle, et au milieu s'élevait le palais abbatial.

Maintenant, laissons la parole à Mme de Genlis, qui va nous décrire la cérémonie de sa réception....

« On nous vêtit de blanc, ma cousine et moi, et l'on nous conduisit en pompe à l'église du chapitre. Toutes les dames, habillées comme dans le monde, mais avec des robes de soie noire sur des paniers et de grands manteaux doublés d'hermine, étaient dans le chœur. Un prêtre, qu'on appelait le grand Prieur, nous interrogea, nous fit réciter le *Credo*, ensuite nous fit mettre à genoux sur des carreaux de velours. Alors il devait nous couper une petite mèche de cheveux; mais comme il était très vieux et presque aveugle, il me fit une petite coupure au bout de l'oreille, ce que je supportai *héroïquement* sans me plaindre; on ne s'en aperçut que parce que mon oreille saignait. Cela fait, il mit à mon doigt un anneau d'or bénit, m'attacha sur la tête un morceau d'étoffe blanc et noir, long comme le doigt, que les chanoinesses appelaient un *mari*. Il me passa les marques de l'ordre : un cordon rouge, une belle croix émaillée et une ceinture d'un large ruban noir moiré. Cette cérémonie terminée, il nous fit une courte exhortation, après laquelle nous allâmes dans l'église même embrasser toutes les chanoinesses, puis nous entendîmes la grand'messe. Le reste de la journée, à l'exception de l'heure de l'office après le dîner, se passa en festins, en visites chez toutes les dames; dès ce moment, on m'appela *Madame la comtesse de Lancy*. Le plaisir de m'entendre appeler *Madame* surpassa pour moi tous les autres. Toutes les chanoinesses d'Alix avaient le droit de porter le titre de comtesse; j'ai porté le nom de *Lancy* jusqu'à mon mariage. »

Ce fut sans doute au retour de ce voyage que la nouvelle comtesse, à l'insu de Mlle de Mars, sa gouvernante, préluda aux fonctions pédagogiques qu'elle devait remplir plus tard avec tant d'éclat. La fenêtre de sa chambre donnait sur une terrasse, au bas était un petit sentier cotoyant un étang. Les enfants du village venaient s'amuser et couper des joncs le long de ce sentier; la fillette entreprit de leur donner des leçons et de leur enseigner ce qu'elle savait elle-même : le catéchisme et quelques fragments de tragédie. Afin de stimuler leur zèle, elle leur distribuait des récompenses : fruits, bonbons, petits gâteaux, etc. Pour arriver à la terrasse, siège de son enseignement, il lui fallait escalader la fenêtre qui était à cinq pieds d'élévation; elle se servait d'une corde et, naturellement leste et adroite, elle ne se blessa jamais durant les quelques mois que dura son école. Un jour, Mlle de Mars la surprit au milieu de ses élèves; elle ne la gronda point; mais elle rit d'un si bon cœur de la façon ridicule dont les petits paysans déclamaient les vers, que l'enfant, blessée dans son amour-propre, abandonna ses fonctions.

Un peu plus tard, le marquis de Saint-Aubin quitta sa famille pour un voyage qui devait durer une demi-année; sa femme prépara une grande fête pour son retour, et elle s'y disposa trois mois à l'avance. Pour cette solennité, elle composa, paroles et musique, un opéra précédé d'un prologue allégorique. On le voit, le goût d'écrire était dans la famille; il ne faut donc pas s'étonner si Mme de Genlis le poussa jusqu'à l'extrême. Félicité tenait le principal rôle dans le prologue et représentait l'Amour. A cette occasion, on lui fit faire un costume de circonstance qui la ravit et qu'elle ne quittait guère : c'était un habit de soie rose fort court, avec des ailes attachées aux épaules, carquois, etc.

On donna plusieurs répétitions habillées qui, en réalité, étaient de véritables représentations; mais on ne voulait pas les désigner ainsi, puisque le grand jour n'était pas venu. Des invitations nombreuses furent envoyées à Bourbon-Lancy et même à Moulins, et beaucoup de personnes se rendirent au château pour assister à ces répétitions. La petite comtesse allait et venait dans son habit d'Amour qui remplaçait tout autre costume. On lui en fit même confectionner un second qu'elle mettait habituellement; l'autre fut réservé pour les dimanches et les fêtes. Il n'était pas aisé de se présenter à l'église travestie de la sorte; aussi, afin d'obvier à cet inconvénient, enlevait-on les ailes et recouvrait-on l'habit d'une longue mante de taffetas couleur capucine. C'était donc dans cet étrange costume presque païen que la petite fille assistait aux cérémonies religieuses.

Il nous semble que, toute sa vie, elle subit l'influence de cette éducation bizarre, et dans plus d'une circonstance, sous des dehors graves, quasi austères, nous verrons percer les ailes du travesti.

Pour arriver à quitter ce déguisement, il fallait avoir l'occasion d'en prendre un autre; l'occasion ne tarda pas beaucoup à se présenter : un maître de danse que la jeune fille eut vers cette époque, remarquant son adresse et son agilité, entreprit de lui montrer à faire des armes; afin de parler le jargon mythologique du temps, disons que Mars succédait à Cupidon; on laissa donc le costume d'Amour qui fut remplacé par l'habit d'homme. Elle se trouva si bien et si à l'aise dans ce nouveau vêtement, qu'elle le conserva jusqu'à son départ de Bourgogne.

Elle passa un été entier chez M. de la Popelinière, fermier

général; ce fut là que, pour la première fois, elle entendit jouer de la harpe par l'Allemand Gaifre, et que se révélèrent ses dispositions étonnantes pour la musique. Elle avait alors treize ans. Gaifre lui donna des leçons dont elle profita merveilleusement; d'ailleurs, elle apportait à cette nouvelle occupation l'ardeur et la ténacité qu'elle avait coutume de mettre à tout ce qu'elle entreprenait; ses progrès tinrent du prodige. Chaque jour, elle jouait cinq heures; après quarante-deux leçons, le professeur déclara qu'il n'accepterait plus de cachets; néanmoins, ravi de trouver une élève si bien douée, il lui continua ses soins et ses conseils. Elle devint la première harpiste du temps; on venait de tous côtés pour l'entendre, et son talent hors ligne fit la fortune du vieux Gaifre.

Dans le courant de l'hiver qui suivit son initiation à la musique, la jeune fille apprit presque seule et sans aucune difficulté à jouer de la musette, du tympanon, du tambourin, etc.

C'est à peu près vers cette époque que Mme de Saint-Aubin se trouva dans de grands embarras et dans des affaires de famille très compliquées; afin de les mieux comprendre, remontons un peu plus haut. Mme de Mézières, mère de Mme de Saint-Aubin, avait épousé en secondes noces le marquis de la Haye; à peine cette nouvelle union fut-elle conclue qu'elle prit en horreur les deux enfants qu'elle avait eus de son premier mari. Elle plaça sa fille à l'abbaye de Malnoue, près Paris, et elle avertit l'abbesse que, désirant voir sa jeune fille prendre le voile, elle eût à la diriger en conséquence. Un peu plus tard, elle embarqua son fils, qui ne comptait que treize ans, pour l'Amérique; le jeune homme y eut des aventures toutes plus romanesques les unes que les autres. Il s'enfuit chez les sauvages, partagea leur genre de vie, se fit adopter par l'un d'eux et consentit à se laisser tatouer. Il n'avait pas vingt ans lorsqu'il fut proclamé grand chef, et, s'étant mis à la tête de ses nouveaux frères, il combattit vaillamment les Espagnols.

Les années ne modifièrent en rien le sentiment de Mme de la Haye, et, en mainte occasion, elle refusa de venir en aide à sa fille; celle-ci, dont la situation pécuniaire laissait fort à désirer, voyant qu'elle ne pouvait rien obtenir, lui intenta un procès qui se prolongea durant plusieurs années.

Le marquis de Saint-Aubin, également pour des affaires d'intérêt, se rendit à Saint-Domingue; au retour de ce long voyage, il fut pris par des corsaires anglais qui, après l'avoir dépouillé de tout ce qu'il possédait, le conduisirent en Angleterre, à Lancestown. Là, il fit la connaissance de plusieurs Français, prisonniers comme lui; parmi eux, il distingua bientôt et se lia particulièrement avec le comte de Genlis, jeune et brillant officier de marine qui, à l'âge de vingt ans, avait été décoré à la suite d'un fait d'armes éclatant dans lequel il faillit perdre la vie. En revenant de Pondichéry où il avait exercé le commandement pendant cinq années, il avait été emmené en Chine, puis en Angleterre.

Les deux amis parlaient souvent de la France, des êtres chéris qu'ils y avaient laissés; le marquis de Saint-Aubin avait une boîte sur laquelle était le portrait de la petite comtesse de Lancy, jouant de la harpe; il le fit admirer au jeune homme, l'entretint des talents et des grâces de sa fille et lui lut certains passages des lettres qu'il recevait. Bref, quand M. de Genlis, sur la réclamation de son oncle, le marquis de Puiseux, alors ministre des affaires étrangères, revint en France, il était déjà fort épris de la fille de son compagnon d'infortune. En disant adieu à ce dernier, il lui promit que sa captivité ne serait pas de longue durée; il tint parole: trois semaines plus tard, le marquis de Saint-Aubin débarquait en France.

Il ne jouit pas longtemps de sa liberté. Il avait souscrit une lettre de change qu'il ne put payer au moment de l'échéance; vainement la marquise s'adressa-t-elle à Mme de Montesson, sa demi-sœur, elle n'essuya qu'un refus très sèchement exprimé. Le marquis fut arrêté et conduit à Fort-l'Evêque; le chagrin s'empara de lui, une fièvre violente et d'un mauvais caractère le saisit; en quelques jours, il y succomba.

Une amie dévouée se chargea de trouver un asile à la veuve et à l'orpheline que cette mort laissait sans protecteur et sans ressource; elle leur prêta une chambre qu'elle occupait dans l'intérieur du couvent du Précieux-Sang. Les religieuses suivaient la règle du Carmel dans toute son intégrité, et leur vie ressemblait à celle des anges : la jeune fille en fut grandement édifiée.

M. de Genlis, ayant enfin vu la fille de son ami, fut convaincu que l'original était bien plus charmant encore que la miniature qui lui avait été montrée; il n'eut plus qu'un désir, en faire la compagne de sa vie. Outre les embarras pécuniaires de la famille de Saint-Aubin, il y avait d'autres obstacles à ce mariage : M. de Puiseux, dont nous avons déjà parlé, s'occupait de l'établissement de son neveu, et il lui avait trouvé une héritière possédant 40,000 livres de rente, somme énorme pour le temps. Le jeune homme, pressé de conclure cette union avantageuse, n'osait avouer qu'il était engagé, il ne se sentait pas le courage d'affronter le courroux de son oncle. Il feignit donc d'entrer dans ses vues, et dans le même temps, il contracta un mariage secret avec Mlle de Saint-Aubin.

M. de Puiseux ne tarda pas à savoir la vérité; il entra dans une colère terrible et ne voulut plus entendre parler du jeune audacieux qui s'était ainsi joué de lui. Toute la famille suivit cet exemple, sauf le comte et la comtesse de Balincour, qui consentirent à recevoir les jeunes époux.

Le comte de Genlis avait une terre dont il portait le nom, située non loin de Paris; son frère aîné y vivait dans la retraite; à cause de ses prodigalités, le comte de Puiseux l'avait fait interdire et lui avait assigné Genlis comme lieu d'exil. Deux jours après leur mariage, le jeune couple arrivait au château. Félicité, qui avait passé la plus grande partie de son existence à la campagne, ne s'y trouva point dépaysée; elle eut le bon esprit, malgré sa grande jeunesse, de se créer d'agréables distractions qui ne laissèrent aucune place à l'ennui.

Chaque matin, elle se baignait, et pour ce bain, on allait puiser l'eau à une rivière distante d'une demi-lieue environ. Un jour, elle voit partir Jean, le domestique, et il lui prend fantaisie de l'accompagner; à peine cette idée est-elle éclose dans sa tête qu'elle descend précipitamment, après avoir fait signe à Jean d'attendre. Il l'installe *jambe de ci, jambe de là* — ce sont ses propres expressions — sur le cou du cheval, et la voilà trottant à travers champs, joyeuse comme une enfant. Cette excursion matinale lui plut tant, qu'à partir de ce jour elle sortit souvent à cheval, mais dans des conditions plus commodes. Un officier, très habile cavalier, en garnison à

Chanzy, lui donna pendant huit mois des leçons d'équitation ; elle les mit si bien à profit qu'elle devint une écuyère de premier ordre.

L'activité d'esprit dont la jeune femme était douée et qui s'alliait chez elle à un tempérament sain et robuste, ne lui permettait pas de prendre un instant de repos ; elle avait une soif d'apprendre, de connaître, incroyable ; elle voulut qu'on lui montrât à saigner ; elle s'exerçait sur les paysans du voisinage, et il lui en venait plus qu'elle ne voulait, parce que, après chaque saignée, elle leur remettait *trente sous*, somme qui leur paraissait énorme.

Le château de Genlis et un château voisin appartenant à la comtesse de Sorel étaient entourés d'étangs immenses, mais le domaine de la comtesse de Sorel était situé sur un terrain élevé, de sorte que ces étangs dominaient ceux de Genlis. Cette dame était fort avare, et elle ne voulait faire aucune réparation, même quand il y avait urgence. Un jour que M. de Genlis était à la chasse, les étangs de Mme de Sorel débordèrent tout à coup, et il en résulta une véritable inondation qui menaçait de tout envahir. Lorsque les chasseurs rentrèrent au château, l'eau atteignait déjà les fenêtres du rez-de-chaussée. On sonna le tocsin, les paysans accoururent et des secours furent organisés ; on ouvrit des tranchées qui permirent l'écoulement des eaux, et bientôt le péril fut conjuré. Néanmoins, plusieurs maisons avaient été emportées, et la comtesse de Sorel dut payer une forte indemnité qui dépassa de beaucoup la somme qu'elle eût déboursée pour des travaux faits en temps convenable.

Le château ayant besoin, dans différentes parties, de certains embellissements, le comte de Genlis fit venir de Saint-Quentin un peintre décorateur qu'il garda huit mois ; c'était un homme vaniteux et crédule à l'excès ; ces deux travers lui valurent toute une série de mystifications plaisantes qui divertirent fort la société réunie à Genlis.

Si nous rapportons avec quelques détails ces farces — on ne saurait leur donner un autre nom — qui, à distance surtout, apparaissent un peu grosses et vulgaires, c'est pour montrer combien, jadis, la vie en province était désœuvrée et à quels divertissements puérils se livrait la noblesse ; pourtant l'horizon politique commençait à s'assombrir, et des hommes sérieux, réfléchis, eussent pu voir déjà bien des signes menaçants pour l'avenir.

Revenons à M. Tirmane, c'était le nom du peintre. Un jour, presque en plein midi, à cinq cents pas du château, le jardinier, déguisé en coupeur de bourses, le bouscule, le dépouille de ses vêtements et lui prend tout ce qu'il possédait sur lui. Le pauvre homme rentre au château transi de frayeur et dans le plus piteux état. On le rassure, on le plaint, et on lui promet une vengeance éclatante. M. de Genlis, le plus sérieusement du monde, donne à deux ou trois de ses gens l'ordre de monter à cheval et de ramener le voleur mort ou vif. Ils partent à fond de train et reviennent bientôt ayant au milieu d'eux le prétendu coupable chargé de chaînes. M. Tirmane est enchanté, car on le remet en possession de ses effets, de sa bourse à laquelle le comte ajoute, comme indemnité, plusieurs pièces d'or. Maintenant, il s'agit d'infliger au voleur une punition exemplaire, capable d'effrayer ceux qui seraient tentés de l'imiter. M. de Genlis, assisté du bailli et du barbier, s'enferme dans un cabinet afin d'interroger le criminel. Au bout d'une heure et demie, la sentence est rendue; à l'unanimité, celui-ci est condamné à mort. M. Tirmane est enchanté et jubile; la comtesse, que toutes ces folies amusent extrêmement, le prend à l'écart et lui insinue que la clémence étant le propre des grandes âmes, il se doit à lui-même de demander la grâce du coupable. Il y répugne un peu; vaincu cependant par les raisons que fait valoir la jeune femme, il consent, et comme cet homme sot et ridicule ne sait rien faire simplement, il va se jeter aux pieds des juges, et dans des termes emphatiques joints à de grandes démonstrations, il implore la grâce du condamné; naturellement on la lui accorde, en l'assurant que le misérable restera enfermé pour la vie dans une des tours du château.

La plaisanterie ne saurait se terminer de la sorte; M. de Genlis dit à son peintre que c'est en vertu de l'Ordre du *jugement* dont il fait partie qu'il a pu mener à bien cette grave affaire, que cet ordre confère la noblesse à quiconque le reçoit, et que lui, un des dignitaires de l'ordre, il a le pouvoir d'y admettre M. Tirmane. Qu'on se figure la joie et la reconnaissance de celui-ci en entendant cette proposition aussi flatteuse qu'inattendue. Il se prépare à faire *la veille des armes;*

en conséquence, on lui met un fusil sur l'épaule, une lanterne sourde à la main, et on lui donne à apprendre par cœur un soi-disant catéchisme de chevalerie burlesque que le comte se hâte de rédiger. Le pauvre niais reste ainsi jusqu'au jour; là on le plonge dans l'eau froide, puis on le revêt de la blanche robe des néophytes — un peignoir à la comtesse — et on lui annonce que la cérémonie de la réception va commencer. Il est introduit dans une des salles du château, disposée pour la circonstance; sur un trône de verdure se tient Mme de Genlis, assistée de plusieurs officiers des régiments de Chartres et de Conti, en garnison à deux lieues de là et qu'on a prévenus en toute hâte; un peu en arrière sont massés les garçons du village en habit de fête. Le candidat est interrogé sur le catéchisme de la chevalerie, il répond d'une voix entrecoupée par l'émotion; le comte de Genlis lui attache sur la poitrine une vieille médaille qu'il a retrouvée dans la bibliothèque, la comtesse lui offre une lance démesurément longue et lui met sur la tête un casque bizarre qui n'est autre qu'un seau à rafraîchir le vin, décoré de plumes et de papier doré. Ensuite, il est revêtu d'un autre peignoir garni de guirlandes d'œillets d'Inde, et on le conduit dans la cour d'honneur, au bruit des fifres et du tambour. Le nouveau chevalier est si ému qu'il fond en larmes; le dîner lui redonne un peu de vigueur. Après le repas, il y a un bal champêtre auquel il doit prendre part; enfin, comme étant de l'ordre du *jugement*, il est appelé à juger plusieurs paysans qui s'acquittent à merveille de leur rôle d'accusés. La fête ne se termine qu'après minuit; alors on permet au pauvre homme accablé d'honneurs et de lassitude d'aller dormir.

Cette bouffonnerie et d'autres dans le même goût se continuèrent pendant plus de trois mois. M. Tirmane envoyait à sa femme le récit de toutes ses aventures; celle-ci, plus avisée et moins crédule, répondait qu'on se moquait de lui. Il haussait les épaules.

— La pauvre femme! disait-il.

Et il riait doucement de ce qu'il nommait son *incapacité*.

— Mais, reprenait-il, elle sera bien forcée de me croire, quand elle verra qu'à cause de mes titres de noblesse, je ne serai pas obligé de payer la taxe des roturiers.

En effet, la municipalité de Saint-Quentin trouva les réclamations de M. Tirmane si plaisantes qu'elle lui accorda la suppression de ses impôts. On l'invitait de tous côtés pour lui entendre raconter ses aventures, et il était fort recherché. Il vécut douze ans après son séjour à Genlis, et jamais il ne fut désabusé.

La pêche des étangs, qui n'avait lieu qu'à des intervalles assez éloignés, amenait beaucoup de monde à Genlis et était l'occasion de grandes réjouissances. La comtesse voulut aller un jour aux étangs; elle était chaussée de souliers blancs brodés; elle s'avança pour mieux voir les pêcheurs, et naturellement elle s'embourba; son beau-frère vint à son secours, et tout en l'aidant à sortir de la vase, il la plaisanta sur ses chaussures délicates en l'appelant *une jolie dame de Paris.* Comme elle posait pour la vie champêtre, elle se fâcha de cette raillerie et répondit avec un peu d'aigreur; plusieurs personnes qui étaient là se mirent du côté de son beau-frère et rirent également; alors dépitée, la jeune femme se baissa, et, ramassant un petit poisson long comme le doigt, elle l'avala.

— Voyez, s'écria-t-elle, comme je suis une jolie dame de Paris !

M. de Genlis était un des vingt-quatre colonels des grenadiers de France. Il fut obligé de rejoindre son régiment qui tenait garnison à Nancy; il ne voulut point laisser seule sa femme qui n'avait guère que vingt ans, et il la conduisit à l'abbaye d'Origny-Saint-Benoît, non loin de Saint-Quentin. Quoique les religieuses eussent une vie sainte et régulière, la jeune comtesse ne retrouva pas dans cette communauté les grands exemples de vertu qui, peu d'années auparavant, l'avaient si fort édifiée dans le monastère du Précieux-Sang. Néanmoins son humeur enjouée ne s'accommodait guère de l'uniformité et du sérieux qui y régnaient, et elle ne fut pas longtemps à y répandre le mouvement et la gaîté. Elle se livra même à des espiègleries que son âge excusait un peu, mais ne justifiait pas complètement. La règle interdisait aux religieuses de fermer leur cellule durant la nuit; Mme de Genlis, qui n'ignorait pas ce détail, s'introduisait sans bruit chez les Sœurs les plus âgées, et d'une main aussi adroite que légère, elle leur mettait du rouge et des mouches.

On devine l'effet que produisaient ces coquets ornements, quand les pauvres Sœurs, inconscientes du tour qui leur avait été joué, entraient à la chapelle pour l'office du matin.

La comtesse regrettait beaucoup de ne pouvoir fréquenter la famille de son mari; mais jusqu'à ce moment M. de Puiseux lui avait tenu rigueur; au retour de M. de Genlis, il se laissa fléchir. La jeune femme déploya près de ses nouveaux parents toutes les séductions dont elle était douée et elle fit complètement leur conquête. Son beau talent sur la harpe lui attirait de nombreux admirateurs; mais elle aimait encore à briller d'une autre façon, et elle organisa des bals et des spectacles. A l'occasion de la fête de M. de Puiseux, elle composa un grand opéra où nécessairement elle s'était réservé le principal rôle; les rôles secondaires furent distribués aux valets. L'hiver suivant, elle inventa un autre genre de divertissement : un quadrille très original qu'elle nommait le quadrille *des Proverbes*, et qui donna lieu à de piquantes allusions; c'était elle aussi qui en avait composé la musique.

Mme de Montesson, sa tante, qui avait épousé secrètement le duc d'Orléans, désirait beaucoup la voir figurer à la cour; un moment il fut question d'une place de dame d'honneur près de Madame, femme du comte de Provence, mais la comtesse de Genlis refusa, parce que Louis XV exigeait que ces dames allassent chez Mme du Barry. Enfin, elle fut nommée dame d'honneur de la duchesse de Chartres, qui fut plus tard la duchesse d'Orléans; son mari obtint le brevet de capitaine des gardes du duc de Chartres.

La jeune comtesse ne jouait pas seulement la comédie pour amuser ses parents et ses amis, elle la jouait dans l'intimité et à tous les instants avec l'habileté d'une comédienne consommée. Dans le moment où avaient lieu les négociations au Palais-Royal, négociations dont elle souhaitait ardemment le succès, elle affectait une telle indifférence que, non seulement M. et Mme de Puiseux s'y trompèrent, mais aussi son mari, qui eût dû mieux la connaître. Plus tard, quand il fut décidé qu'elle allait paraître à la Cour, elle feignait des regrets qu'elle était loin d'éprouver, car la vie relativement simple qu'elle menait lui semblait dépourvue d'intérêt et elle eût voulu hâter l'instant où les portes du Palais-Royal lui seraient ouvertes.

Il y avait peu de temps qu'elle remplissait ses nouvelles fonctions, lorsque Mme Louise, abandonnant pour toujours les grandeurs de ce monde, alla se renfermer au Carmel. Toutes les princesses se firent une loi de visiter l'humble religieuse. La duchesse de Chartres ne pouvait manquer de suivre cet exemple; elle se rendit donc à Saint-Denis, accompagnée de Mme de Genlis. La vive imagination de cette dernière était extrêmement frappée de l'héroïque sacrifice que venait d'accomplir la sainte fille de Marie Lekzinska; elle rapporte d'une façon un peu emphatique les impressions qu'elle ressentit dans cette visite. Nous reproduisons ce récit en l'abrégeant un peu.

« .... Je suis entrée avec émotion dans le parloir des Carmélites. Un instant après, le rideau de la grille a été tiré, et Madame Louise a paru. Je ne puis exprimer la surprise que j'ai éprouvée en jetant les yeux sur elle; Madame Louise, qui était si maigre et si pâle, est extrêmement engraissée; elle a le teint le plus frais et les couleurs très vives. O paix de l'âme! doux accord des opinions et des sentiments avec les actions, la conduite et le genre de vie! c'est vous qui formez le bonheur! c'est vous qui donnez cette sérénité céleste qui maintient l'équilibre de nos forces, qui conserve le mouvement égal et salutaire des ressorts de notre existence! Lorsque rien de ce qu'on voit et de ce qu'on entend ne peut blesser et contrarier, que tout ce qui nous entoure est en harmonie avec nous, que nulle discordance, nulle opposition ne trouble le calme de nos pensées, que tout doit fixer notre imagination et nos regards sur l'objet qui nous touche et sur le but vers lequel nous courons; lorsqu'enfin l'exemple universel nous soutient dans notre marche, n'est-on pas aussi heureux qu'on peut l'être sur la terre? Madame Louise permet les questions et y répond brièvement, mais avec bonté. Je désirais savoir quelle est la chose à laquelle, dans son nouvel état, elle a eu le plus de peine à s'accoutumer. « Vous ne le devineriez jamais, a-t-elle » répondu en souriant : c'est de descendre seule un petit » escalier. Dans les commencements, a-t-elle ajouté, c'était » pour moi le précipice le plus effrayant; j'étais obligée de » m'asseoir sur les marches, et de me traîner dans cette atti» tude, pour descendre. » En effet, une princesse qui n'avait descendu que le grand escalier de marbre de Versailles, en s'appuyant sur le bras de son chevalier d'honneur, et entourée de ses pages, a dû frémir en se trouvant livrée à elle-même sur le bord d'un escalier bien raide, en colimaçon. Elle connaissait longtemps d'avance toutes les austérités de la vie religieuse ; pendant dix ans elle en avait secrètement pratiqué la plus grande partie dans le château de Versailles, mais elle n'avait jamais pensé aux *petits escaliers....* »

Le duc et la duchesse de Chartres visitèrent l'Italie où ils séjournèrent assez longuement ; M. et Mme de Genlis les suivirent, et ce voyage fut pour eux un véritable enchantement.

Quoiqu'elle habitât un palais, la jeune dame d'honneur n'avait pas renoncé aux joyeuses parties, aux aventures; mais pour cette étrange nature, aucun plaisir n'était complet si l'on restait dans son personnage, il fallait toujours un masque quelconque. De concert avec le comte qui se prêtait volontiers aux folies de sa femme, elle forma le projet d'aller passer une soirée au *Grand Vainqueur*, la guinguette la plus renommée des Porcherons. Une amie polonaise, Mme Potocka, devait l'accompagner ; les deux jeunes femmes étaient costumées en cuisinières : jupe de drap, fichu rouge, tablier à carreaux et bonnet rond. M. de Genlis était en livrée. Dès son arrivée au *Grand Vainqueur*, la comtesse fit tout de suite la conquête du coureur de M. de Bracas. « Il m'avait vue souvent chez son maître, lisons-nous dans ses Mémoires, mais il ne me reconnut pas sous mon déguisement. »

Est-ce bien certain, Madame ?... On peut supposer que lui aussi se divertissait en se permettant avec Madame la comtesse, déguisée en Lisette ou Marton, certaines privautés que le laisser-aller du lieu autorisait pleinement.

La fête devant être complète, M. de Genlis commanda, pour ses compagnes et pour lui, un souper se composant de pigeons à la crapaudine et de salade ; on se mit à table, et tout en riant et babillant, on mangea de bon appétit. Un peu plus tard arrivèrent, chantant à tue-tête des refrains populaires, une servante et un laquais : c'était la marquise de Saint-Aubin et un de ses amis. Enfin, tant était puissante la séduction du *Grand Vainqueur* qu'on s'en arracha seulement à trois heures du matin.

La noblesse française, qui se faisait un jeu de telles escapades, ne prévoyait guère que, dans peu d'années, elle se retrouverait mêlée au peuple, non plus cette fois pour partager clandestinement ses divertissements, mais pour entendre ses insultes et supporter le poids de sa colère.

A l'âge de trente ans, Mme de Genlis cessa de porter du rouge, ce qui parut une énormité; sept ou huit ans auparavant, elle avait dit en société qu'elle ne comprenait pas que ce pût être un sacrifice de quitter le rouge, et qu'elle était bien résolue à n'en plus porter, quand elle aurait trente ans. Toute la compagnie se récria, particulièrement le duc de Chartres qui était présent. Alors la comtesse, piquée au jeu offrit de parier une discrétion qu'à partir du 15 janvier 1776, elle laisserait le rouge pour toujours; le duc de Chartres accepta le pari. Quelques jours auparavant la date fixée, Mme de Genlis pria le duc de songer à sa discrétion.

Maintenant, laissons-lui la parole.

« Le 25 janvier, je trouvais dans mon cabinet une poupée de grandeur naturelle assise devant mon bureau, une plume à la main et coiffée avec des millions de plumes. Sur mon bureau était d'un côté une rame de superbe papier, et de l'autre trente-deux livres in-8° blancs, reliés en maroquin vert, et vingt-quatre très petits, reliés en maroquin rouge. Aux pieds de la poupée était un carton rempli de petit papier à billets, d'enveloppes, de cire à cacheter, de poudre d'or et d'argent, avec un canif, une règle, des ciseaux, un compas, etc. Ce présent m'enchanta. »

En effet, c'était un présent parfaitement choisi pour celle dont Sainte-Beuve a dit : « Mme de Genlis aurait certainement inventé l'écritoire, si l'invention n'avait pas eu lieu auparavant. »

La duchesse de Chartres ayant eu deux filles, Mme de Genlis s'en fit nommer gouvernante, et elle voulut que les petites princesses, à l'âge où les enfants sont encore confiés à leur nourrice, fussent placées dans ses appartements, afin de les surveiller. Elle se préoccupait beaucoup de leur éducation future, et elle songeait qu'il serait fort difficile de les élever, d'une façon sérieuse, au sein même du palais. Le duc et la duchesse goûtèrent ses raisons et approuvèrent le plan qu'elle leur soumit; en conséquence il fut décidé qu'on lui bâtirait un pavillon à *Belle-Chasse*, et qu'elle s'y installerait avec ses élèves. Ce pavillon communiquait avec le couvent de *Belle-Chasse*.

Ainsi que nous l'avons déjà fait remarquer, Mme de Genlis était ennemie jurée du naturel et de la simplicité; toujours il lui fallait poser et remplir un rôle. Lorsqu'elle quitta le Palais-Royal et prit possession de sa nouvelle résidence, elle voulut le faire avec apparat : la prieure de la communauté, suivie de ses religieuses, vint à la grande porte du couvent la recevoir solennellement; ensuite on la conduisit avec les princesses à l'église.

Le nombre de ses élèves s'augmenta bientôt; nous la retrouvons à la tête d'un véritable pensionnat. Outre les petites princesses dont nous avons parlé, elle avait sous sa direction : M. de Valois, devenu Louis-Philippe; MM. de Montpensier et de Beaujolais; sa nièce créole: une petite Anglaise, sa fille d'adoption à qui elle avait donné le nom prétentieux de *Paméla;* peut-être ses propres enfants; elle en eut trois, deux fils et une fille. Le plan d'éducation qu'avait adopté le *gouverneur*, — le duc de Chartres, devenu le duc d'Orléans, donna ce titre singulier à l'institutrice de ses enfants, — différait essentiellement des systèmes d'éducation suivis jusque là; non seulement ses élèves étudiaient dans les livres, mais elle voulait qu'ils étudiassent la nature, et qu'ils fissent usage de leurs forces physiques. Les jeunes princes apprirent à tourner, à faire des treillages en fer, des ouvrages de vannerie, etc. Tout ce qu'ils voyaient, tout ce qu'ils entendaient, tous les objets dont ils se servaient devenaient pour elle le sujet d'un enseignement; on peut dire que Mme de Genlis, qui avait l'intuition de tout ce qui concerne l'éducation, a donné les premières *leçons de choses*, leçons si fort à la mode aujourd'hui. Elle avait compris également l'importance des langues étrangères, surtout pour des princes, suivant son expression. « On se promenait le matin en allemand, on dînait en anglais et on soupait en italien. »

Au moment de la première communion de Mademoiselle (la princesse Adélaïde), sa gouvernante la conduisit à la Trappe; bien que les Mémoires ne le disent pas précisément, il est à peu près certain que c'était la Trappe de Soligny, près Mortagne.

« Les princesses de sang, rapportent les Mémoires, avaient, par leur naissance et comme descendantes de Saint-Louis, le droit d'entrer dans tous les couvents d'hommes les plus austères; mais jusque là, quand elles avaient usé de ce droit, elles y étaient entrées ou ensemble, ou avec leur père ou leur mari; ainsi, jusqu'à cette époque, nulle particulière, sans exception, n'était entrée dans l'intérieur du couvent de la Trappe. « *J'eus la prétention d'y entrer, et j'y réussis.* »

Comme on retrouve dans cette phrase la vanité de Mme de Genlis, ayant un besoin puéril de se distinguer et très fière d'accomplir ce qu'aucune *particulière* n'avait fait avant elle! Continuons.

« Je représentai qu'une gouvernante était inséparable de son élève, à moins qu'elle ne la remît à sa mère; mais que me trouvant seule avec Mademoiselle, refuser de me laisser entrer avec elle, c'était la refuser elle-même, puisque je ne pouvais m'en séparer. On assembla le chapitre pour délibérer sur cette question, et le résultat fut tel que je le prévoyais. »

Elle fut charmée de tout ce qu'elle vit dans le couvent; elle assista à la lecture des Pères, à leur office. « Tous ces religieux chantaient avec une piété d'ange. » Le lendemain, elles se promenèrent dans les jardins et restèrent au réfectoire durant que les religieux prenaient leur frugal repas. La comtesse fit une remarque bien féminine, car aucun homme ne se fût aperçu de ce détail. « Il n'y avait pas un seul miroir à la Trappe, ni dans l'intérieur, ni dans les appartements extérieurs. »

De là, gouvernante et élève allèrent au Mont-Saint-Michel, cette perle de la Normandie, qui alors était prison d'État.

Cependant les années s'écoulaient, et les événements, se précipitant avec une rapidité vertigineuse, annonçaient une catastrophe prochaine. Mme de Genlis, comme la plupart des personnes de son rang d'ailleurs, ne s'inquiétait guère; elle trouva même à propos de conduire ses élèves à la démolition de la Bastille. Elle regretta sans doute cette démarche inconsidérée, car dans les Mémoires, elle consigne la réflexion suivante : « Le désir de faire tout voir à mes élèves m'entraîna dans une *démarche imprudente.* » En effet, cette fois la *leçon de choses* était un peu forte.

Quoi qu'il en soit, ce regret qu'elle exprime ne la corrigea point pour l'avenir, puisqu'elle accompagna ses élèves — nous aimons à croire qu'elle excepta *Mademoiselle* — au club des Cordeliers. Les princes qui sont appelés à gouverner les hommes ont besoin de s'instruire de bon nombre de choses, et de voir par eux-mêmes certains spectacles qui ne semblent point faits pour leurs yeux; mais était-ce à la comtesse de Genlis, à une femme jeune encore, dont le mari, quelques années plus tard, devait périr sur l'échafaud, de paraître au milieu de ces assemblées tumultueuses où rien n'était respecté ?...

Dès que le duc de Chartres eut atteint dix-sept ans, son père déclara que son éducation était terminée, et l'on s'occupa de former sa maison ; néanmoins, pendant une année encore, le jeune prince continua chaque jour de venir prendre ses leçons à *Belle-Chasse*. Vers cette époque, la maréchale d'Estrée mourut, laissant à son parent M. de Genlis, environ cent mille livres de rente et une quantité considérable de diamants, de bijoux, de dentelles, etc. M. de Genlis prit alors le titre de marquis de Sillery. Il eût vivement souhaité que sa femme abandonnât ses fonctions de *gouverneur*, mais elle n'y consentit pas; elle était attachée à ses élèves, puis la pensée que d'autres achèveraient, gâteraient peut-être l'œuvre qu'elle avait commencée, lui était insupportable.

Un peu avant que la Révolution n'éclatât, elle partit pour l'Angleterre ; ce pays, dont elle parlait couramment la langue, lui était inconnu, et depuis longtemps elle désirait faire ce voyage. Écoutons-la nous rapporter ses impressions avec sa vanité accoutumée qui semble s'accroître d'année en année.

« Mon voyage en Angleterre fut excessivement brillant. Nulle femme ne pouvait entrer dans la Chambre des Communes; cette Chambre, par un arrêté particulier, m'accorda la permission d'assister à une séance. Je n'eus pas la permission d'y mener avec moi aucune autre femme; ce fut milord Inchiquin qui m'y conduisit. On ne jouait pas la tragédie l'été, on donna pour moi une représentation d'Hamlet. Le récit de toutes ces choses fut mis dans les papiers anglais, avec les réflexions les plus obligeantes pour moi.... De retour à Londres, je reçus un message de la reine, qui m'envoya M. Duluc, son lecteur, pour m'inviter d'aller à Windsor, où elle passait l'été; c'était une fort grande distinction, car elle n'y recevait jamais d'étrangères.... »

Au mois d'octobre 1791, nous la voyons à Bath, où *Mademoiselle* prend des bains; sa nièce et Paméla sont aussi avec elle. Ensemble elles parcourent une grande partie des Iles-Britanniques, et dans l'automne 1792, nous les y retrouvons encore. L'horizon politique s'est assombri de plus en plus dans notre France, et il ne semble pas prudent à Mme de Genlis d'y rentrer, surtout avec la princesse. Cette dernière avait alors quinze ans, par conséquent elle était considérée comme émigrée; cependant le duc d'Orléans affirmait qu'il y aurait des exceptions à cette loi, mais qu'il valait mieux attendre ces nouveaux décrets sur un territoire neutre. Il priait Mme de Genlis de conduire la jeune fille en Belgique, et, dans peu de jours, il espérait aller la chercher lui-même. Cet arrangement ne plaisait guère à la comtesse, néanmoins elle y souscrivit.

C'est à peu près vers cette époque que le marquis de Sillery vint la rejoindre pour peu de temps; les quelques jours que les deux époux passèrent ensemble devaient être les derniers ici-bas : heureusement que Dieu, dans sa miséricordieuse bonté, nous dérobe l'avenir, sans quoi combien de nos joies seraient empoisonnées !...

Les événements ne permirent pas au duc d'Orléans d'accomplir sa promesse; Mme de Genlis ne savait comment agir, et, après avoir séjourné quelque temps à Tournay, elle résolut de partir, après avoir confié *Mademoiselle* au duc de Chartres, son frère, déclinant ainsi toute responsabilité. La nuit qui précéda son départ, elle ne dormit pas; elle était assaillie de mille réflexions contradictoires et en proie à une sorte de fièvre. Ses sentiments religieux se réveillèrent avec force; jamais elle n'avait donné dans l'incrédulité philosophique qui était alors assez à la mode, mais sa piété se ressentait de la légèreté de son esprit et de ses habitudes mondaines.

« .... Je passai cette nuit en prières sans me coucher. Tout à coup l'idée me vint de faire à la fois un sacrifice à Dieu et de me délivrer dans l'avenir de mille inquiétudes et d'un grand embarras. Je fis vœu, si Dieu me rendait mes biens ou me faisait faire fortune, de ne jamais dépenser pour moi que l'absolu nécessaire et de donner tout le reste. J'ai été fidèle à ce vœu. J'étais bien sûre avec mes talents de gagner toujours de quoi vivre; ainsi je me débarrassais de regrets de fortune et de toute ambition.... »

Dans un autre endroit des Mémoires, nous lisons ces paroles significatives : « Au lieu de rêver, il fallait méditer, et j'aurais alors reçu du Ciel toutes les lumières et toutes les consolations qui m'étaient si nécessaires.... »

Revenons à nos exilées. Le lendemain matin, de nouveau le duc de Chartres supplia son ancienne gouvernante de permettre à la princesse de l'accompagner, lui représentant avec beaucoup de raison que celle-ci ne serait guère en sûreté avec lui, et qu'elle courrait bien des dangers dont il serait impuissant à la préserver. Mme de Genlis demeura inexorable. Au moment où elle allait monter en voiture, *Mademoiselle* parut, soutenue par son frère; elle était baignée de larmes et tendait des mains suppliantes vers l'institutrice qui, tant de fois, lui avait juré un dévouement absolu. Mme de Genlis était vaincue.

Après bien des alertes, des incidents de tout genre, elles arrivèrent en Suisse. Grâce au concours obligeant du marquis de Montesquiou-Fezenzac, elles furent admises au couvent de Bremgarten, près Zug. Par prudence, Mme de Genlis s'annonça comme une irlandaise voyageant avec ses deux nièces; elle avait effectivement avec elle sa nièce, Henriette de Sercey; quant à Paméla, quelques mois auparavant, elle avait épousé un lord anglais, riche et considéré. Il semblait que Dieu eût amené la comtesse dans cet asile de prière et de paix, afin qu'elle sentît avec moins d'amertume le coup qui allait la frapper; car ce fut là qu'elle apprit le cruel trépas de M. de Genlis. Elle tomba gravement malade, mais son excellente constitution et les soins dévoués dont elle fut entourée triomphèrent assez vite du mal. Le duc d'Orléans, lui aussi, n'était plus. Mme de Genlis cacha soigneusement cette mort à la jeune princesse, qui n'aurait peut-être pas eu la force de supporter cette épreuve. Le temps pour nos émigrés se partageait entre la prière, l'étude et le travail des mains; elles étaient fort aimées de toutes les religieuses, et sans les tristes nouvelles qui leur venaient de la patrie, elles se fussent trouvées heureuses. *Mademoiselle*, ayant appris que la princesse de Conti, sa tante, habitait

NAPOLÉON Ier

Fribourg, lui écrivit, et celle-ci, au bout d'un mois, vint la chercher et la garda quelque temps auprès d'elle.

Mme de Genlis était donc libre maintenant de porter ses pas où bon lui semblait, elle se dirigea vers la Hollande. Elle y séjourna plusieurs mois; de là, elle vint à Berlin, puis à Hambourg. Dans cette dernière ville, elle voulut être présentée au poète Klopstock, l'auteur de la *Messiade*. Elle le trouva pédant et ennuyeux; traduisons : il ne lui fit pas les compliments qu'elle s'attendait à recevoir.

Après le 18 brumaire, elle rentra en France et revint à Paris. « Je n'essaierai point de peindre les émotions que j'éprouvai en passant la frontière, en entrant en France, en entendant le peuple parler français, en approchant de Paris, en apercevant les tours de Notre-Dame et en passant les barrières. »

L'empereur, qui exilait Mme de Staël, donna 6,000 francs de pension à Mme de Genlis et un logement à l'Arsenal. S'il se connaissait en hommes, il se connaissait en femmes aussi, et, du premier coup d'œil, il avait vu qu'elle était de celles qu'on s'attache aisément par la flatterie.

Mme de Genlis, dont l'imagination ne pouvait rester en repos, caressait le projet d'un pèlerinage à Jérusalem; les choses extraordinaires avaient toujours le don de la séduire. A la fin des Mémoires, nous lisons ceci :

« .... J'avais le projet formel de faire le pèlerinage de Terre-Sainte, sous quelques mois; c'était là que tous mes vœux me transportaient. Je jouais presque tous les jours de la harpe, et un soir j'en jouai avec délices. Je commençai la composition (paroles et musique) du morceau que je voulais jouer dans la maison de David, si Dieu me faisait la grâce d'aller à Jérusalem.... »

La maison de David n'entendit point la harpe de Mme de Genlis, car son pèlerinage n'eut pas lieu.

Sainte-Beuve prétend, et nous avons peine à croire l'éminent critique, qu'il fut question d'un mariage entre Mme de Genlis et M. de La Harpe, et il plaisante agréablement sur cette union qu'il trouve bien assortie. Dans un moment, Mme de Genlis avait pour l'auteur du *Cours de littérature* une aversion qu'elle ne prenait même pas la peine de déguiser. Elle le met en scène dans une de ses nouvelles, sous le nom de *M. de la Palinière*, et le portrait qu'elle en trace, au physique comme au moral, est loin d'être flatteur.

Mme de Genlis est un auteur des plus féconds; outre ses ouvrages pour la jeunesse : *Les annales de la vertu*, *Les veillées du château*, *Théâtre d'éducation*, *Adèle et Théodore*, elle composa un grand nombre de romans : tous, sauf un seul, *Mademoiselle de Clermont*, sont oubliés aujourd'hui. Ses productions se distinguent par un style assez facile, parfois négligé; les sentiments y sont faux, les situations invraisemblables, les caractères dépourvus de naturel, et la morale y est parfois singulièrement traitée.

Elle a laissé aussi des *Mémoires* dans lesquels nous avons puisé largement; *les Souvenirs de Félicie*, qui en sont une sorte de fragment et dont la lecture est assez attachante. Nous en détachons les deux anecdotes suivantes, qui, chacune dans son genre, sont écrites d'une plume alerte et distinguée.

« Mme de la Reynière a toute la beauté qu'on peut avoir sans jeunesse et avec une extrême maigreur; sa figure est noble, imposante et régulière. Le baron de Breteuil, qui revient d'Italie, a dit d'elle en la voyant :

» — C'est le Colisée! »

Malgré la majesté de cette image, on peut douter que Mme de la Reynière soit flattée d'un tel éloge. Quelle femme de quarante ans s'enorgueillirait d'être comparée à la plus belle ruine du monde?

« J'aime beaucoup M. de Flahaut; il joint à une honnêteté parfaite un caractère original. Voilà un trait plaisant qui le peint. Mme la comtesse de Noailles a, comme on sait, beaucoup de morgue et fort peu de politesse. Un soir, elle arrive au jeu de la feue reine Marie Leckzinska; le jeu était commencé. La comtesse de Noailles veut prendre place au haut du cercle; elle monte, elle s'avance, elle s'arrête pour s'asseoir et n'aperçoit point de pliant. M. de Flahaut, debout dans l'embrasure d'une fenêtre, voit son embarras et très obligeamment tire de dessous une table de marbre un pliant qu'il pousse derrière elle. La comtesse le regarde, ne le remercie point, ne le salue point et s'assied. Un moment après, une femme arrive, on se lève; pendant ce mouvement, M. de Flahaut retire doucement le tabouret qu'il a donné et le remet sous la table. La comtesse veut se rasseoir, elle fait une étrange culbute. Cependant les femmes qui étaient à côté d'elle la retiennent et modèrent sa chute. La voilà sur ses pieds; elle se retourne en disant :

» — Mais qui donc a pris mon pliant?

» — C'est moi, Madame, répond froidement M. de Flahaut; j'avais eu l'honneur de vous l'offrir, il m'a paru qu'il ne vous faisait aucun plaisir et je l'ai ôté. »

Terminons ces citations par les pensées suivantes qui nous paraissent justes et finement exprimées.

« Il y a un grand éloge à faire du bon goût, c'est qu'il réprouve toujours ce qui est contre la raison. — On n'est libre que lorsque le sort d'aucun être chéri ne dépend de soi, de son existence, de ses soins ni de sa fortune; dépendre soi-même d'un autre est un lien mille fois moins fort. — La vanité des bons esprits s'use avec le temps; la fatuité ne s'use jamais. »

Mme de Genlis mourut à la fin d'octobre 1830, à l'âge de quatre-vingt-quatre ans, et elle eut ainsi la joie de voir sur le trône de France le prince qu'elle avait élevé.

MADAME DE LAFAYETTE

Déjà, dans de précédentes études, nous avons essayé de faire connaître à nos jeunes lectrices quelques figures féminines qui ont été mêlées au drame sanglant de 93. Avec Mmes de Genlis et Campan, nous avons vu une certaine partie de la noblesse, insouciante des nuages amoncelés à l'horizon, ne rechercher que les fêtes et les divertissements; nous avons pénétré jusque dans les appartements royaux, et nous avons assisté à l'effondrement de la monarchie.

Aujourd'hui, les filles de la duchesse d'Ayen, non moins intelligentes et mieux nées que celles dont nous venons de parler, nous montreront quel héroïsme en face de la mort, et la mort de l'échafaud, quelle énergie, quelle résignation dans la souffrance, quelle piété, quel dévouement déployèrent les vraies représentantes de cette vieille aristocratie française que la Révolution prétendait anéantir à jamais.

Adrienne de Noailles, qu'on appelait avant son mariage Mlle d'Ayen, naquit le 2 novembre 1759. Elle était la seconde fille de la duchesse d'Ayen, et elle n'avait qu'un an de différence avec sa sœur aînée. La bonne qui les éleva et qui avait été nourrice de leur mère, était une personne peu instruite, mais admirable pour être auprès de jeunes enfants. Elle s'entendait à merveille, non seulement à leur donner les soins physiques nécessaires au jeune âge, mais elle les dirigeait, les faisait obéir sans aucun effort.

Chaque jour, à trois heures, les fillettes dînaient avec leur mère; après le repas, celle-ci les emmenait dans sa chambre à coucher; c'était une vaste pièce tendue de damas cramoisi galonné d'or, avec un de ces lits immenses si fort à la mode jadis. La duchesse s'asseyait dans un fauteuil, ayant sous la main ses livres, ses aiguilles et sa tabatière dont une grande dame d'alors ne se séparait guère. Les enfants se groupaient autour d'elle, se poussant un peu afin de se rapprocher du fauteuil maternel. Parfois, elle ne gardait que les deux aînées, réservant une autre heure pour les trois plus jeunes qui n'étaient pas susceptibles encore de recevoir les mêmes instructions.

Avant même qu'elles sussent écrire, leur judicieuse institutrice leur apprenait à dicter des lettres ; elle lisait ou leur faisait lire les chefs-d'œuvre de la littérature, commentant et expliquant les plus beaux passages. En toute occasion, elle s'efforçait de former leur jugement et d'épurer leur goût. Elle leur apprit, dès la plus tendre enfance, à se conduire, non par fantaisie ou suivant leurs inclinations naturelles, mais par devoir, par la pensée d'être dans l'ordre et sous les yeux de Dieu.

Laissons Mme de Lafayette nous expliquer elle-même les résultats d'une telle éducation, si opposée à la façon molle et égoïste dont on élève les enfants aujourd'hui.

« Beaucoup de préjugés, ceux de la vanité, par exemple, nous furent longtemps entièrement inconnus, et l'idée de régler sa vie par les principes de la vertu, abstraction faite de tout intérêt, de quelque nature qu'il pût être, nous était devenue si habituelle que les premiers exemples que nous avons rencontrés d'une conduite contraire dans ceux qu'on appelle vulgairement honnêtes gens, nous causaient une surprise qu'il a fallu bien des années de vie passées dans le monde pour affaiblir. »

La duchesse d'Ayen était une mère incomparable et ses exemples plus encore que ses leçons étaient une école de vertu. Un trait peindra l'âme saintement héroïque de cette femme. En revenant de l'église, un Jeudi Saint, elle dit à son ancienne gouvernante, Mlle Anfray, qui était restée sa plus chère amie : « Je viens de tuer mon fils, — ce fils venu après cinq filles avait été ardemment désiré par toute la famille — et j'ai un peu de crainte pour mes filles. Si quelqu'un de mes enfants tombe malade, j'aurai bien peur ; je les ai tous offerts à Dieu, afin qu'il me les rende pour l'éternité.

J'espère cependant qu'il me laissera mes filles, mais je crois qu'il a accepté mon fils et que je ne le conserverai pas. »

En effet, à la suite d'une maladie longue et douloureuse, cet enfant mourut. Durant son agonie, la duchesse, qui le tenait pressé contre elle, murmurait d'un cœur brisé, mais soumis entièrement au bon vouloir divin : « Vous avez, mon cher enfant, remporté la victoire, rien ne pourra nous séparer ni nous arracher l'un à l'autre pour l'éternité. »

Adrienne comptait à peine douze ans, lorsqu'elle fut demandée en mariage pour M. de Lafayette, qui n'en avait pas encore quinze. Cette union souriait infiniment au duc d'Ayen, mais n'agréait sous aucun rapport à la duchesse. Elle s'effrayait de l'extrême jeunesse du prétendant, de la fortune considérable qu'il possédait et dont elle redoutait qu'il ne fît mauvais usage, n'ayant point de proche parent qui pût diriger ou contrôler ses actions. Toutefois, comme elle était dans l'habitude de se conduire par des motifs d'un ordre supérieur et non par des vues purement humaines, elle pria, réfléchit, et, après avoir persisté dans son refus durant plusieurs mois, elle se rendit aux désirs de son mari. D'un commun accord, les deux époux décidèrent que M. de Lafayette achèverait son éducation, que le mariage aurait lieu seulement dans deux ans, et qu'après sa célébration, les jeunes gens resteraient à l'hôtel de Noailles et ne tiendraient pas maison.

Bien qu'élevée par une mère d'une piété éminente et très pieuse elle-même, la jeune Adrienne, qui avait l'esprit un peu raisonneur, éprouva, vers l'âge de douze ans, de graves tentations contre la foi et de violents troubles de conscience. Elle ne négligea point pour cela ses pratiques ordinaires de dévotion; au contraire, elle les accomplit avec une ferveur et une régularité plus grandes; mais elle souffrait de ces inquiétudes à un tel point qu'elle a comparé ses tourments intérieurs aux plus grandes peines qu'il lui ait été donné de sentir, et cependant son existence, ainsi que nous le verrons, fut hérissée de devoirs pénibles et d'épreuves affreuses.

Dans cette occurrence, sa mère redoublait de sollicitude son égard et s'efforçait d'apaiser cette imagination égarée. On la préparait alors à sa première communion; mais la jeune fille, plus troublée que jamais et comprenant toute l'importance de ce grand acte de la vie chrétienne, refusait de s'approcher du divin banquet. On respecta ses scrupules, et, chose qui paraît fort étrange aujourd'hui, elle fit sa première communion quelques mois après son mariage. Elle avait beaucoup prié; ses troubles s'étaient dissipés et la lumière se faisait dans son âme, aussi fut-ce avec un cœur plein de foi et d'amour qu'elle reçut son Dieu le jour de la Quasimodo 1775; elle avait alors un peu plus de 15 ans. A la fin de cette même année, le 16 décembre, elle donna le jour à une fille. La duchesse d'Ayen bénit avec une joie inexprimable le premier de ses petits-enfants. La petite Henriette ne fit guère que passer sur la terre; avant qu'elle eût vu son second printemps, Dieu la rappela à lui.

Durant l'hiver qui suivit son mariage, Mme de Lafayette et sa sœur ainée, mariée tout récemment à son cousin de Noailles, menèrent une vie assez dissipée, allant chaque semaine au bal de la reine et fréquemment à la comédie. La duchesse les accompagnait à ces réunions, quoique ce genre de vie ne fût d'accord ni avec ses principes ni avec ses goûts. En agissant de la sorte, elle se proposait uniquement de plaire au duc d'Ayen, et d'empêcher ses gendres, très jeunes encore, de rechercher des distractions au dehors.

L'année 1777 marqua le commencement des épreuves de Mme de Lafayette. Au mois d'avril, son mari partit pour l'Amérique; ce départ fut d'autant plus pénible à la jeune femme qu'elle était sur le point d'être mère une seconde fois. Les motifs si nobles et si élevés qni portaient M. de Lafayette à quitter sa patrie et tous les siens pour offrir le secours de son épée à Washington, n'étaient pas compris de tout le monde, et s'il comptait bon nombre d'admirateurs, il y avait aussi bien des gens qui le blâmaient. Au premier rang de ceux-là, se distinguaient le duc d'Ayen et son entourage. La duchesse, plus clairvoyante ou moins passionnée, appréciait mieux les mobiles qui faisaient agir son gendre; elle sentait parfaitement que ce n'était point là une folie de jeune homme. Ce fut elle qui apprit à sa fille le sacrifice qui lui était demandé, et qui, par sa tendresse ingénieuse et délicate, sut adoucir le vif chagrin d'Adrienne. Vers cette époque, celle-ci fut obligée d'assister aux fêtes données à l'occasion du mariage d'une de ses tantes avec le comte de Ségur; malgré le déchirement de son cœur, elle eut la force de paraître gaie et tranquille, afin qu'on n'accusât pas son mari, préférant être jugée comme une enfant légère et étourdie plutôt que d'entendre un mot de blâme contre celui qu'elle aimait si ardemment. La naissance de sa seconde fille Anastasie, que la duchesse d'Ayen voulut présenter elle-même au baptême, lui fut une grande consolation.

M. de Lafayette avait été blessé à Brandywine, quelques-uns affirmaient même qu'il avait été tué; il était bien difficile de contrôler de telles affirmations avec les moyens de communication alors en usage, et afin qu'elles ne parvinssent pas aux oreilles de la jeune femme, sa mère l'envoya d'abord à Fresne, chez M. d'Aguesseau, puis en Bourgogne.

L'année 1778 se passa tout entière dans les transes; enfin, au mois de février 1779, l'intérêt de la cause américaine réclamant la présence de M. de Lafayette à Paris, il quitta l'Amérique. Les joies du revoir furent proportionnées aux angoisses de l'absence; mais toujours plus occupée des autres que d'elle-même, la jeune femme réprimait avec soin l'expression trop vive de sa félicité, pour ne point importuner celui qui en était l'objet.

Elle avait à peine eu le temps de savourer un peu le bonheur de ce retour qu'il fallut penser à une séparation nouvelle. Mais avant que M. de Lafayette ne reprît le chemin de l'Amérique, il eut la consolation d'embrasser son troisième enfant, un fils ardemment désiré qui reçut le nom de Georges-Washington.

Cette seconde absence fut peut-être plus cruelle que la première; les gazettes anglaises, qui seules racontaient les péripéties de la guerre de l'indépendance, présentaient toujours, à dessein sans doute, la situation comme désespérée. Cette campagne se termina par la prise de lord Cornwallis, et toute la gloire en revint au général Lafayette qui l'avait si brillamment conduite.

Au mois de janvier 1782, il revint en France; sur tout son passage, il reçut un accueil enthousiaste qui dut le dédommager amplement des contradictions et des blâmes qu'il avait eus d'abord à essuyer. Vers la fin de cette même année, sa fille Virginie vint au monde; quelques mois après cet événement, M. et Mme de Lafayette quittèrent l'hôtel de Noailles et allèrent demeurer en leur particulier.

Ainsi que toutes les personnes vraiment pieuses, Mme de Lafayette aimait les pauvres, et elle veillait avec soin sur ses dépenses personnelles, afin de ne pas diminuer la part qui leur était réservée sur ses revenus. L'aumône matérielle lui semblait, à bon droit, incomplète et ne satisfaisait point son cœur; elle se plaisait à y joindre des paroles consolantes et de pieux encouragements. Dans ses visites charitables, elle était secondée par sa sœur, Mme de Montagu; les misères les plus abjectes et les moins intéressantes, celles qui résultent du vice et de l'immoralité, ne rebutaient point leur piété, et durant les années 1786 et 1787, elles parcourent plus d'une fois les prisons de la capitale.

Déjà les signes précurseurs de la Révolution se montraient de toutes parts; on sentait une sourde agitation, et l'on devinait qu'une crise était imminente. Les gens sages n'ignoraient pas que bien des abus devaient être déracinés, certains privilèges abolis; les esprits un peu chimériques, les imaginations vives rêvaient des réformes impossibles, des progrès irréalisables, mais personne ne s'effrayait de l'avenir. Au sein de la famille de Mme de Lafayette, les partis étaient fort tranchés : la plupart de ses membres, très attachés aux principes monarchiques, étaient loin de partager, d'approuver même les illusions généreuses, les idées libérales que MM. de Noailles et de Lafayette avaient puisées en Amérique. La différence d'opinions s'accentuait de jour en jour, malgré l'estime et l'affection qui unissaient ces diverses personnes; les choses en vinrent au point que M. de Beaune, beau-père de Mme de Montagu, prenait son chapeau et se retirait quand on annonçait soit M. de Noailles, soit le général de Lafayette. Les jeunes femmes, sans entrer dans ces dissensions politiques, en supportaient le contre-coup et gémissaient tout bas de cet état de choses. Mme de Lafayette, qui professait à l'égard de son mari une admiration un peu aveugle, se sentait blessée au plus intime de son être, alors qu'elle entendait blâmer les opinions ou les actes de ce dernier.

Au mois de juillet 1789, le général de Lafayette fut nommé commandant de la garde nationale de Paris; sa femme eut dès lors une vie très agitée. Elle se soumit sans murmure aux exigences, aux devoirs assujettissants de sa nouvelle position, et elle se prêta avec une bonne grâce parfaite aux désirs de son mari. On peut croire cependant qu'il y eut pour elle, dans cette phase de son existence où elle était recherchée, adulée, des moments bien difficiles. Elle avait adopté la plupart des opinions du général, mais elle ne s'était pas défaite entièrement des principes tout différents qui lui avaient été inculqués dans son enfance ; elle sentait que bon nombre de personnes, dont l'approbation lui eût été chère, la jugeaient avec sévérité, avec injustice même, et ces blâmes tacites lui étaient très sensibles. D'un autre côté, elle n'ignorait pas que la haute position de M. de Lafayette, son immense popularité lui créaient de nombreux ennemis et l'exposaient à de perpétuels dangers.

— Jamais, a-t-elle avoué plus tard, je n'ai vu sortir mon mari durant ce temps sans avoir la pensée que je lui disais adieu pour la dernière fois.

Au moment où la constitution civile du clergé fut décrétée. elle n'hésita pas à manifester publiquement son attachement à la foi catholique : elle assista dans l'église Saint-Sulpice, sa paroisse, au refus que le curé fit en chaire de prêter le serment civique. Elle fréquentait assidûment les églises et les chapelles où se réfugiait le clergé persécuté. Les prêtres non assermentés, les religieuses qui se présentaient à elle pour solliciter quelque grâce ou réclamer sa protection, étaient toujours accueillis avec la plus grande bonté,

Outre les alarmes, les inquiétudes incessantes que lui causaient les vicissitudes de la politique, elle eut encore à trembler sur les jours de sa mère ; au mois de janvier 1789, la duchesse d'Ayen eut une fluxion de poitrine qui la conduisit aux portes du tombeau. Contre toutes les prévisions, la malade se rétablit ; le temps de la convalescence et les quelques semaines qui suivirent furent pour elle et tous les siens qui l'aimaient si tendrement, un temps de douce et joyeuse intimité.

L'année suivante, le dimanche de la Pentecôte, Anastasie de Lafayette fit sa première communion ; pour sa pieuse mère qui l'avait préparée elle-même, ce fut une grande consolation et comme un rayon de joie céleste parmi les sombres préoccupations de cette époque.

Au mois de septembre 1791, la Constitution ayant été acceptée par le roi, M. de Lafayette quitta le commandement de la garde nationale et partit pour Chavaniac, lieu de sa naissance, avec toute sa famille. Un grand nombre de personnes pensaient alors que la Révolution était terminée, et qu'une ère de calme et de prospérité allait succéder aux agitations des derniers mois; jusqu'à un certain point, M. de Lafayette partageait ces trompeuses espérances, ainsi que le prouvènt les passages suivants d'une lettre écrite pendant ce voyage.

« .... Je jouis, en amant de la liberté et de l'égalité, du changement qui a mis tous les citoyens au même niveau, et qui ne respecte que les autorités légales. Je ne puis vous dire avec quelle délectation je me courbe devant un maire de village.... Je mets autant de plaisir et peut-être autant d'amour-propre au repos absolu que j'en ai mis depuis quinze ans à l'action qui, toujours dirigée vers le même but et couronnée par le succès, ne me laisse de rôle que celui de laboureur... Il n'y a plus que le devoir de nous défendre qui puisse m'arracher à la vie privée.... »

A ce moment, Mme de Montagu était en Auvergne, dans le domaine de Plauzat, qui appartenait à son beau-père. Mme de Lafayette, qui connaissait cette circonstance, lui écrivit, le cœur débordant de joie, afin de la prévenir qu'elle et les siens feraient halte à Plauzat et iraient lui demander l'hospitalité. En recevant cette missive, Mme de Montagu se sentit navrée, car elle n'ignorait pas toutes les préventions que nourrissait M. de Beaune à l'égard du général, et elle ne pouvait songer, quels que fussent ses propres sentiments, à le recevoir à Plauzat.

Les deux sœurs se virent furtivement à la hâte, dans une pauvre auberge, au relais de Vaire. Elles confondirent leurs larmes, leurs baisers et promirent de s'écrire souvent.

Une partie de la famille se trouva bientôt à Chavaniac, car la duchesse d'Ayen et sa fille aînée, la sœur chérie d'Adrienne, y séjournèrent plusieurs semaines. Cette douce réunion, la dernière ici-bas, fut comme une oasis ménagée par la Providence à toutes ces personnes dont les unes allaient, un peu plus tard, monter à l'échafaud, et les autres endurer les horreurs d'une dure captivité sur la terre de l'exil.

Au mois de décembre, le général quitta Chavaniac et vint

prendre le commandement d'une des trois armées qu'on s'occupait d'organiser. Mme de Lafayette, arrachée un instant à ses douloureuses préoccupations, fut de nouveau plongée dans des anxiétés d'autant plus vives que rien ne venait les adoucir. La tante de son mari, Mme de Chavaniac, quoique bonne et affectueuse, avait des opinions si violentes, si tranchées qu'aucun épanchement n'était possible avec elle; ses filles, dont l'aînée comptait seulement quatorze ans, étaient trop jeunes encore pour être ses confidentes. Elle renfermait donc en elle-même ses angoisses, ses tristes pressentiments, et ne trouvait un peu de calme que dans la prière.

Cependant les événements se précipitaient, et le flot révolutionnaire montait toujours. Le duc d'Ayen et son gendre M. de Grammont faillirent trouver la mort en défendant le roi, aux Tuileries. Par suite de la fière attitude du général de Lafayette en face de l'Assemblée et des reproches énergiques qu'il ne craignit pas de formuler, un arrêt de proscription fut lancé contre lui; mais il réussit à sortir de France et à gagner un territoire neutre.

Si Paris était bouleversé, la province était loin d'être tranquille; à tout instant il survenait quelque nouvelle alerte; un bataillon de volontaires girondins qui regagnaient le gros de l'armée, traversa Chavaniac, et on ne parlait rien moins que d'incendier le château. Grâce au sang-froid et au patriotisme de Mme de Lafayette, tout danger fut évité; elle reçut les officiers chez elle et donna des ordres pour que le détachement logé dans le village fût nourri à ses propres frais. Cet incident et des avis très alarmants la décidèrent à prendre certaines précautions et à mettre ses enfants en sûreté. Elle fit une revue de ses papiers, en brûla plusieurs qui lui parurent compromettants, et cacha les autres pour les retrouver un jour. Elle envoya son fils Georges, avec son précepteur, dans les montagnes; quant à ses filles, elle les conduisit à Langeac, petite ville distante de deux lieues seulement. Elles n'y demeurèrent pas longtemps; Mme de Lafayette, cédant à leurs instantes prières, leur permit de revenir à Chavaniac.

Le 10 septembre 1792, le château fut investi par un commissaire du gouvernement, assisté d'une troupe de soldats. Ce commissaire était porteur d'un arrêté du Comité de sûreté générale, lui enjoignant de conduire à Paris Mme de Lafayette et ses enfants. Il partit le jour même, emmenant avec lui Mme de Lafayette, sa fille aînée et Mme de Chavaniac, qui, dans cette triste occurrence, n'avait pas voulu abandonner sa nièce. Sur la demande qu'elle fit et la parole qu'elle donna, la prisonnière reçut, un peu plus tard, l'autorisation de rentrer à Chavaniac. Dans ces entrefaites, elle apprit que le général Lafayette venait d'être placé, par la Coalition, sous la garde du roi de Prusse et enfermé à Spandau. Cette nouvelle la plongea dans le désespoir; elle eût voulu rejoindre son mari et, par l'engagement qu'elle venait de prendre, elle s'était interdit jusqu'à l'espoir de quitter la France.

Le département décida que la commune fournirait chaque jour six hommes pour garder la prisonnière. Aussitôt que celle-ci eut connaissance d'une telle résolution, elle se rendit à la séance et fit cette fière déclaration :

« Je déclare que je ne donne plus la parole que j'ai offerte, si l'on met des gardes à ma porte. Choisissez entre les deux sûretés. Je ne puis me choquer de ce que vous ne me croyez pas une honnête femme, mon mari a beaucoup mieux prouvé qu'il était un bon patriote; mais vous permettrez que moi-même je croie à ma probité, et que je ne cumule pas ma parole avec des baïonnettes. »

La municipalité supprima la garde.

Vers le milieu de l'année suivante, Mme de Lafayette reçut, grâce à l'intervention du ministre des États-Unis, deux lettres du général de Lafayette; ce lui fut une consolation, mais une consolation bien imparfaite, car les nouvelles de la santé de son mari étaient loin d'être satisfaisantes.

Malgré les événements si graves qui se succédaient, elle ne négligeait point l'éducation de ses enfants, et elle tâchait qu'ils eussent à souffrir le moins possible. Chaque matin, dans la belle saison, elle les emmenait dans la campagne, et elle leur faisait quelque lecture pieuse ou agréable. Bien des années après, ses filles se rappelaient encore ces lectures, ces entretiens avec attendrissement.

Tous les dimanches, se ressouvenant de la parole du Maître : « Lorsque deux ou trois de mes disciples seront assemblés en mon nom, je serai au milieu d'eux, » elle réunissait les femmes pieuses du village, afin de prier en commun et de suppléer au divin Sacrifice de la messe auquel on ne pouvait assister. Ces réunions, qu'elle continua, quoiqu'elles eussent été l'objet de plusieurs dénonciations, lui étaient fort chères, car la prière seule pouvait adoucir ses maux et calmer ses justes appréhensions.

Au mois d'octobre 1793, après la chute des girondins, Mme de Lafayette fut arrachée des bras de ses enfants et conduite à la prison de Brioude. Le malheur rend ingénieux. Mlles de Lafayette trouvèrent, malgré la distance, le moyen de communiquer avec leur mère. Chaque semaine, elles envoyaient son linge à Brioude ; le compte était cousu au paquet, et elles écrivaient de l'autre côté de la page. Par le même moyen, elles recevaient une réponse; mais, de crainte d'être découvertes, elles n'osaient parler que de leurs santés réciproques.

Toujours oublieuse d'elle-même, la prisonnière s'occupait sans cesse de ce qui pouvait être agréable ou utile à ses compagnes d'infortune. Elle parvint à persuader à de pauvres femmes infirmes, parmi lesquelles se trouvait une religieuse aveugle, qu'il serait plus avantageux de faire ménage ensemble, et ce fut elle qui, discrètement, se chargea de presque toute la dépense. Enfin l'ordre arriva de la transférer à Paris; elle réussit à obtenir un sursis de vingt-quatre heures, qu'elle mit à profit. Elle courut trouver le curé de Chavaniac, qui était captif sous le même toit; elle se confessa, écouta respectueusement les conseils qui lui furent donnés, puis elle monta dans le galetas où logeaient les religieuses de Brioude, et elle oublia un peu ses tourments en priant avec elles. Avant de monter en voiture, elle eut la consolation d'embrasser ses trois enfants; elle leur adressa diverses recommandations, et les supplia, si elle venait à mourir, de chercher par tous les moyens à rejoindre leur père. Ils récitèrent ensemble la prose *Veni, Sancte Spiritus* — on était dans l'octave de la Pentecôte, — puis elle les quitta, croyant ne plus jamais les revoir ici-bas.

A Paris, on l'enferma d'abord à La Force, qui était un séjour affreux. Après quinze jours, elle fut transférée au Plessis. Là, comme à Brioude, comme dans les endroits où elle passait, elle s'efforça de faire le bien et d'adoucir les misères de tous genres qui l'environnaient. Sa fermeté d'âme, sa douceur, sa résignation, vertus qu'elle puisait dans son admirable piété, ne se démentirent pas un seul instant et forçaient l'estime de quiconque l'approchait, même des personnes que le nom de son mari rendait un peu défiantes à son égard.

Elle habitait au cinquième étage une pauvre mansarde bien délabrée, mais elle avait l'avantage inappréciable d'y être seule. Deux jours seulement après son entrée au Plessis, il lui fallut annoncer à sa cousine, la duchesse de Duras, que son père et sa mère avaient péri sur l'échafaud. Tout en essayant de consoler sa parente, elle pensait aux êtres chéris dont elle était séparée, et son cœur se serrait douloureusement. A la chute de Robespierre, elle fit prendre des informations, et le geôlier apprit à Mme de Duras que la maréchale de Noailles, la duchesse d'Ayen et la vicomtesse de Noailles étaient tombées sous la hache révolutionnaire : les trois générations avaient péri ensemble.

A son tour, la duchesse prépara doucement sa cousine à faire le cruel sacrifice qui lui était demandé. Les sentiments d'Adrienne étaient si forts, son ardeur d'affection était telle, qu'en dépit de sa soumission au bon vouloir divin, elle crut succomber sous le poids de sa douleur.

« Remerciez Dieu, écrivait-elle un peu plus tard à ses enfants, d'avoir conservé ma vie, ma tête, mes forces ; ne regrettez pas d'avoir été loin de moi. Dieu m'a préservée de la révolte contre lui, mais je n'eusse pas pendant longtemps supporté l'apparence d'une consolation humaine. »

Elle s'était procuré un petit Psautier latin, et ce livre lui fut une suprême ressource.

« Tantôt, écrivait-elle à ce sujet, j'y trouve les sentiments de celles que je pleure, tantôt ceux que je vous désire, puis ceux que je demande à Dieu de mettre dans mon cœur, et quelquefois je les ai obtenus. »

Au Plessis, elle rédigea son testament ; nous en donnons quelques extraits, qui, mieux que notre pâle esquisse, feront connaître son éminente piété et la noblesse de son âme.

« ....Je crois en vous, ô mon Dieu, en tout ce que vous avez révélé à votre Eglise ; j'espère tout ce que vous avez promis, je mets toute ma confiance dans les mérites de Jésus-Christ et dans le prix de son sang. Je désire conformer ma vie à la sienne, et j'unis mes souffrances à ses souffrances et ma mort à sa mort. J'espère, mon Dieu, vous aimer par-dessus toutes choses, et parvenir, par votre grâce, au bonheur de vous aimer éternellement. J'accepte sans réserve les moyens que votre Providence aura choisis pour me conduire à cet heureux terme.

» Je pardonne de tout mon cœur à mes ennemis, si j'en ai, à mes persécuteurs, quels qu'ils soient, et même aux persécuteurs de ce que j'aime. Je prie Dieu de les combler de biens et de leur pardonner comme je leur pardonne. Seigneur, en vous priant pour mes persécuteurs aussi sincèrement que votre grâce me l'inspire, vous ne rejetterez pas mes prières pour ce qui m'est cher, et vous nous traiterez selon la grandeur de vos miséricordes. Ayez pitié de moi, ô mon Dieu !

» Je déclare que je n'ai jamais cessé d'être fidèle à ma patrie, que je n'ai jamais pris part à aucune intrigue qui pût la troubler, que mes vœux les plus sincères sont pour son bonheur, que les principes de mon attachement pour elle sont inébranlables, et qu'aucune persécution, de quelque part qu'elle vienne, ne peut les altérer....

» C'est au nom de Jésus-Christ que je demande toutes les grâces que j'espère. Remplie de confiance dans votre grande miséricorde, ô mon Dieu, je remets mes chers enfants, je remets mon âme entre vos mains. Je sais que c'est à Vous que j'ai confié mon dépôt et que Vous êtes puissant pour me le rendre au grand jour de l'éternité et nous y réunir tous pour Vous bénir à jamais. C'est en Vous et en Vous seul que j'ai mis mon espérance. Ayez pitié de moi, ô mon Dieu ! »

Vers la fin de septembre, tous les prisonniers du Plessis recouvrèrent la liberté. Mme de Lafayette, en haine de son mari, fut exceptée de cette amnistie générale. Elle était si absorbée dans sa douleur, elle vivait tellement avec le cher souvenir de ses mortes bien-aimées, qu'elle ne sentit guère cette aggravation de peine. On la transféra dans diverses maisons d'arrêt, où, durant le rigoureux hiver de 1794-95, elle eut beaucoup à souffrir du froid. Dans une de ces maisons, une immense consolation lui était réservée; elle vit souvent l'abbé Carrichon, qui y entrait comme ouvrier menuisier. L'abbé Carrichon était présent lors du dernier supplice des douces victimes qu'elle pleurait; il avait prononcé sur leurs têtes la suprême absolution : on devine avec quelle pieuse avidité elle écoutait tous les détails que le prêtre lui donnait. Elle eut cependant la force d'interrompre ces entretiens si cruels, et si consolants tout à la fois, pour s'occuper de son âme. Elle repassa sa vie entière et fit une confession générale.

Durant ce temps, ses amis ne restaient pas oisifs : le ministre des Etats-Unis à qui elle dut sans doute de n'être pas montée sur l'échafaud, d'autres personnages influents agissaient afin d'obtenir sa liberté. Leurs efforts furent couronnés de succès; l'ordre d'élargissement fut signé le 22 janvier 1795, et le 2 février suivant, après seize mois de captivité, Mme de Lafayette quittait la maison d'arrêt.

Six jours plus tard, elle embrassait son fils avec une joie dont elle ne se croyait plus susceptible.

— J'éprouve, disait-elle, une consolation si profonde, si fort au delà de mes espérances, que je la sens peut-être mieux qu'aucune de celles que je puis encore attendre.

Elle resta quelque temps à Paris pour obtenir un passeport en faveur de son fils qu'elle envoyait en Amérique, auprès de Washington ; elle désirait également en avoir un pour elle-même et pour ses filles, car, plus que jamais, le besoin de rejoindre son mari était devenu sa fièvre. Avant de quitter la France, elle voulut aussi terminer quelques affaires d'intérêt; elle régla divers comptes avec ses créanciers, aida sa vieille tante, Mme de Chavaniac, à racheter le domaine de ce nom. Ce fut avec un déchirement profond qu'elle dit adieu à cette parente ; elle avait encore le cœur gros de cette séparation, lorsque Dieu lui ménagea miséricordieusement une rencontre avec sa sœur Rosalie, Mme de Grammont. Cette dernière, qui n'avait plus assez d'argent pour voyager en poste, et qui ne voulait pas se risquer dans les diligences, était allée à pied chercher Mme de Lafayette à Paris, et, ne l'ayant pas trouvée, revenait en Auvergne de la même façon.

Enfin, Mme de Lafayette et ses filles quittèrent la France; le passeport qu'on leur délivra était pour l'Amérique et non pour l'Allemagne, ce qui les força de s'embarquer. Au bout de huit jours, elles arrivèrent à Altona, où demeurait Mme de Montagu, chez sa tante, Mme de Tessé.

Qui pourrait décrire la joie, le saisissement des deux sœurs

DE LAFAYETTE

en se revoyant après une séparation de plusieurs années et une séparation marquée par des événements si cruels!... Elles se tinrent longtemps enlacées, sans pouvoir articuler une parole; puis Mme de Montagu, songeant aux saintes victimes dont le souvenir leur était toujours présent, s'écria :

— Les avez-vous vues?

— Non, répondit Mme de Lafayette.

Et elle lui répéta tout ce qu'elle avait appris de la bouche même de l'abbé Carrichon.

Lorsque Mme de Tessé sut que sa nièce se rendait à Vienne afin d'avoir l'autorisation de partager la captivité du général de Lafayette, elle essaya, par tous les moyens, de la détourner de ce projet; elle lui dépeignit les difficultés, la folie même d'une pareille entreprise, les suites funestes qui en pouvaient résulter pour ses filles. Mme de Lafayette répondait avec douceur et fermeté à chaque objection, mais on sentait que sa résolution était inébranlable et que nul motif humain ne pouvait l'entamer. Mme de Montagu, émue au delà de toute expression, n'osait rien dire : elle se bornait, de temps en temps, à presser son héroïque sœur dans ses bras.

Si douce que fût cette vie de famille à Mme de Lafayette, elle ne consentit à séjourner à Altona que le temps nécessaire pour terminer quelques derniers préparatifs. Son passeport pour Vienne était mis au nom de Mme Motier, citoyenne d'Harfor, en Connecticut, Etats-Unis, car il fallait, non seulement que son nom ne fût pas connu, mais que sa nationalité fût dissimulée : le territoire autrichien étant interdit à tout Français.

Après des fatigues et des embarras sans nombre, nos voyageuses parvinrent à Vienne, grâce à l'intervention du vieux comte de Rosenberg, chambellan à la Cour, qui jadis avait eu des rapports avec la famille des Noailles, elles obtinrent, à l'insu des ministres, une audience de l'empereur. Mme de Lafayette sollicita uniquement la faveur de partager la prison de son mari. L'empereur répliqua :

— Je vous l'accorde; quant à sa liberté, ce serait impossible, mes mains sont liées.

Mme de Lafayette dut rester à Vienne encore quelques jours qui lui parurent autant de siècles. Enfin, M. Ferraris, ministre de la guerre, lui remit la permission tant désirée; il crut devoir ajouter qu'elle serait fort mal à Olmütz, et que le régime de la prison pourrait avoir une pernicieuse influence sur sa propre santé et sur celle de ses filles. Tout entière à sa joie, Mme de Lafayette le remerciait sans entendre les conseils qu'on lui donnait.

Elle partit sur-le-champ, et le 15 octobre au matin, les clochers d'Olmütz se dressèrent à l'horizon; l'héroïque femme, qui ne faiblissait pas devant le danger, fondit en larmes à cette vue; quand elle fut un peu remise, elle récita, en signe de reconnaissance et d'allégresse, le cantique de Tobie.

Le général n'était pas prévenu : que ne dut-il pas éprouver en voyant entrer à l'improviste sa femme et ses filles?...

« Jugez, écrivait Mme de Lafayette, quelle a dû être la sensation de mon mari, auquel, depuis dix-huit mois, il était défendu de répondre si nous existions encore, lorsque, sans aucune préparation, il nous a vues entrer chez lui. »

M. de Lafayette était affreusement vieilli, et toute sa personne portait la trace de la douleur et des vexations qu'il endurait depuis trois ans. Il avait été tenu dans une ignorance complète sur tout ce qui s'était passé en France; il savait vaguement qu'il y avait eu une terreur, mais il ne connaissait point le nom des victimes.

Si Mme de Lafayette n'avait pas été soutenue par un sentiment profond, exalté, et par l'intime conviction qu'elle remplissait un devoir sacré, elle eût vite déploré sa nouvelle situation, car cette situation était presque intolérable. La chambre qu'elle habitait et celle qui était réservée à ses filles n'était guère qu'une cellule meublée d'un grabat, d'une chaise et d'une table en bois blanc. Les prisonnières n'avaient aucune communication à l'extérieur; tout secours religieux leur était refusé, même l'assistance à la messe le dimanche et les jours de fête. Elles étaient obligées de se servir elles-mêmes, et elles ne purent obtenir une femme pour leur aide. Une simple cuillère d'étain, outre son usage propre, devait remplacer couteau et fourchette, ces derniers ustensiles leur ayant été impitoyablement refusés.

A ce sujet, Mme de Lafayette écrivit à sa tante, Mme de Tessé :

« .... Je vous dirai que le commandant me fit inviter, il y a plus de deux mois, à demander par écrit des fourchettes.

Je consentis à cette ridicule demande qui fut envoyée à ses supérieurs, et, ce qui n'est pas moins ridicule, c'est qu'après tout cet apparat, on a continué de nous laisser manger avec nos doigts.... Vous ririez de voir nos filles, l'une en rougissant jusqu'aux oreilles, l'autre en faisant une mine tantôt fière, tantôt comique, passer, pour aller se coucher, sous les sabres croisés sur les portes de nos cellules qui se referment aussitôt.... Elles sont excellentes et bien aimables, ces chères filles; la rigueur d'un pareil régime et toutes les privations qu'il cause ne leur coûtent rien. Anastasie fait des souliers à son père avec l'étoffe d'un vieil habit, des robes à Virginie et des corsets à moi, et je travaille assez passablement sous sa direction.... »

Cette permission d'écrire n'était accordée qu'à de rares intervalles; il fallait en user devant l'officier de service, à qui on remettait ensuite les lettres ouvertes. Cependant on avait réussi à ménager aux prisonnières un moyen de correspondance très sûr. Il est évident que le fragment rapporté plus haut ainsi que les extraits qui suivent n'avaient point passé sous les yeux de l'officier de garde.

« Voici donc un moment, ma chère petite sœur — Mme de Montagu, — où il m'est possible de vous écrire sans la surveillance du major, et où il me serait permis de vous exprimer, si cela se pouvait, les sentiments de nos cœurs à tous; ceux de M. de Lafayette sont bien douloureux. Vous pouvez vous représenter ce qu'ont été pour lui les affreuses nouvelles dont il n'avait pas la moindre idée. Il ignorait aussi les dangers que j'avais courus, les persécutions que j'avais éprouvées. La force d'âme avec laquelle il supporte celles qu'on exerce contre lui depuis près de quatre ans dans cette affreuse solitude et cet absolu silence, surpasse de beaucoup ce que je croyais possible en fait de courage humain, car son caractère n'est pas même altéré de tous ces genres de torture; mais il n'en est pas de même, il est vrai, de sa santé.... Vous me demandez de ses nouvelles, et je sais que votre cœur en a grand besoin. Sa poitrine a bien souffert, sa maigreur est effrayante; nous devons cependant beaucoup à la douceur de l'hiver, et plus encore à la douceur qu'il trouve à notre réunion. Vous qui le connaissez si bien, ma chère petite, vous jugerez que, pour avoir résisté à cette longue et dure captivité, à cette absolue solitude, à ce silence affreux, même sur notre existence, que depuis son arrivée à Olmütz on gardait avec lui, il a fallu que la force de son caractère fût aidée d'une grande force physique; mais celle-ci a des bornes.... »

Le passage brusque et subit d'une vie agitée à une existence des plus sédentaires, joint à un régime malsain, ruina bientôt la santé de Mme de Lafayette; peu de mois après son installation dans la citadelle d'Olmütz, elle fut atteinte d'une grave éruption aux bras et aux jambes, ainsi que d'une fièvre intense qui minait ses forces. Son mari parvint à la faire d'écrire à l'empereur pour avoir l'autorisation d'aller consulter un médecin à Vienne; jamais peut-être acte d'obéissance ne fut plus méritoire de sa part et ne lui coûta davantage. On lui signifia que, si elle sortait de prison, il ne lui serait plus permis d'y rentrer.

Nous n'avons pas besoin de dire quelle fut la réponse de cette épouse dévouée qui, un peu auparavant, écrivait au ministre de la guerre les lignes suivantes :

« .... Je conviens avec grand plaisir que nous nous sommes soumis à partager toutes les rigueurs de la prison de M. de Lafayette, et que c'est uniquement cette grâce que nous avons sollicitée. Nos sentiments sont les mêmes, et nous répétons toutes les trois de tout notre cœur que nous sommes beaucoup plus heureuses avec M. de Lafayette, même dans cette prison-ci, que partout ailleurs sans lui.... »

Durant les onze mois que la prisonnière resta malade, aucun adoucissement ne lui fut accordé; elle ne put même obtenir un fauteuil pour reposer ses membres endoloris. Malgré ses souffrances et les incommodités qu'elle avait à subir, elle conservait une sérénité d'âme parfaite, une égalité d'humeur supérieure à la mauvaise fortune; elle jouissait, comme aux premiers jours, d'être auprès de son mari, même elle se reprochait ce sentiment de bonheur, alors qu'il demeurait prisonnier.

La privation de toute consolation religieuse lui était fort pénible, mais elle se consolait en pensant qu'elle était là où Dieu la voulait; à chaque instant elle s'unissait aux âmes chéries de sa mère et de sa sœur, elle les voyait en possession du bonheur céleste et se plaisait à recourir à leur intercession. Elle voulut recueillir, pour ses chères filles, les souvenirs qui avaient trait à la duchesse d'Ayen; avec un cure-dent et de l'encre de Chine, elle écrivit, sur les marges d'un Buffon, la vie de cette incomparable mère.

Lors de la signature du traité de Campo-Formio, le général Bonaparte et le général Clarke, plénipotentiaires français, exigèrent que les captifs d'Olmütz eussent la liberté; en effet, les portes de la citadelle s'ouvrirent devant ceux-ci. Le 19 septembre 1797, accompagnés d'un major autrichien, ils se rendirent à Hambourg. A partir de cette ville, le voyage fut un triomphe continuel; de tous côtés, on envoyait au général des témoignages d'intérêt et de sympathie. Mme de Staël, le duc Matthieu de Montmorency lui adressèrent des lettres de félicitation. Dans la lettre de l'auteur de *Corinne*, nous remarquons le passage suivant :

« ...Je voudrais être une des premières personnes qui vous parlât de tous les sentiments d'indignation, de douleur, d'espérance, d'inquiétude, de découragement dont votre sort, pendant ces cinq années, a rempli l'âme de ce qui vous aime.... Venez en France, vous y trouverez des amis qui vous sont dévoués, et laissez-moi espérer que mon occupation constante de vous, mes inutiles efforts pour vous servir, me donnent quelques droits à un peu d'intérêt de votre part.... »

Un mois plus tard, les voyageurs atteignaient Witmold, où Mme de Tessé avait acheté une propriété sur le lac de Ploen. Mme de Montagu, ne pouvant, en dépit de ses efforts, maîtriser son impatience, vint au-devant de sa sœur, jusqu'à Ploen, dans un petit bateau que conduisait M. de Mun. Au retour, Mme de Lafayette, assise en face de sa chère Pauline qui ne se lassait pas de la contempler, récita, pendant la traversée, ce même cantique de Tobie dont elle avait salué les murs d'Olmütz.

Le général, ne voulant pas abuser de l'hospitalité de sa tante de Tessé, la quitta au bout de cinq semaines pour aller à deux lieues de là, dans une vaste habitation seigneuriale. La famille y resta jusqu'à Pâques; un membre bien cher était revenu y prendre place : Georges de Lafayette, qui arrivait d'Amérique et dont la présence comblait les siens de joie. Les journées s'écoulaient gaiement et d'une façon très active : les jeunes filles confectionnaient leurs robes ou raccommodaient le linge; Mme de Montagu faisait la lecture soit dans les oraisons funèbres de Bossuet, les sermons de Fénelon ou quelque ouvrage du même genre.

Une œuvre de zèle passionnait Mesdames de Lafayette et de Montagu : la conversion au catholicisme de la famille de Stolberg. Mme de Montagu, plus par la vivifiante influence de ses douces vertus que par l'exposé de la doctrine catholique, avait déjà fortement entamé la foi protestante de ses amis; sa sœur, elle aussi, eut une grande part dans cette éclatante conversion.

« ... Dieu me fera encore beaucoup de bien par vous, écrivait le comte Frédéric à Mme de Montagu, mais je pressens et je suis sûr qu'il nous en fera beaucoup aussi par votre chère et sublime sœur Adrienne, dont les vertus et les souffrances nous ont fait verser des larmes d'attendrissement et de vénération avant qu'elle sût notre existence. Je me trouve très heureux d'avoir vu de près dans elle ce que vous m'aviez fait admirer de loin. Hélas! cette étoile ne fait que passer sur notre horizon, mais elle laissera après elle son influence bienfaisante. »

Mme de Lafayette était fort touchée des dispositions généreuses des néophytes, et, faisant un retour sur elle-même, elle en éprouvait une sorte de tristesse et comme une sainte jalousie.

« Une certaine douleur, une certaine inquiétude m'ont souvent gagnée, leur disait-elle. Nous autres catholiques, nés dans la vérité, prévenus par elle dès le berceau, nous n'avons pas le mérite de celui qui la cherche, et qui renonce à tout lorsqu'il l'a trouvée. Cela m'humilie devant Dieu. »

La famille de M. de Latour-Maubourg, aide de camp du général, s'était jointe aux exilés de Witmold; ce rapprochement amena bientôt un mariage, celui de Charles de Latour-Maubourg avec Anastasie, la fille aînée du général. La promptitude avec laquelle cette union fut décidée, arracha les hauts cris à Mme de Tessé qui prétendait que chose semblable ne s'était pas vue depuis Adam et Ève. Malgré son courroux, elle s'occupa du trousseau de la fiancée avec une sollicitude toute maternelle. La santé de Mme de Lafayette était alors des plus chancelantes; elle souffrait toujours des infirmités qu'elle avait contractées dans la prison d'Olmütz. Elle avait des abcès aux bras et aux jambes, et il lui était impossible de faire un pas. Chaque jour ses enfants, Georges d'un côté, Anastasie et Virginie de l'autre, la transportaient sur un canapé, de sa chambre au salon et du salon à sa chambre. Le mariage eut lieu le 9 mai 1798, dans la chapelle de Witmold; Mme de Lafayette y fut portée par son fils et par son gendre, et elle put appeler sur ses chers enfants les bénédictions du ciel. Ses souffrances quoique vives, l'incertitude où elle était de l'avenir, ne l'empêchaient pas de jouir pleinement du bonheur actuel.

« Lorsque je songe, écrivait-elle, à l'horrible situation où se trouvaient mes enfants, il y a peu de temps, et que je les vois tous trois autour de moi; que je suis prête à en adopter un quatrième suivant mon cœur, je ne puis suffire à mes actions de grâces envers Dieu. »

Dès qu'elle fut un peu rétablie, le général se fixa, s'il est permis d'employer cette expression en parlant de l'établissement peu stable que font à l'ordinaire les exilés, dans la petite ville de Vianen, non loin d'Utrecht. Mme de Lafayette n'y resta pas longtemps, des affaires importantes exigeaient sa présence en France; elle y pouvait rentrer librement, son nom n'ayant jamais figuré sur aucune liste de proscription. Elle partit pour Paris, avec sa jeune fille, Virginie; elles n'y firent qu'un court séjour, mais elles trouvèrent le temps d'aller prier dans les oratoires secrets ou les chapelles particulières, car les églises n'étaient pas encore rendues au culte. Elles firent une apparition en Auvergne où elles eurent le bonheur d'embrasser Mme de Chavaniac.

L'année suivante, toute la famille se réunit à Vianen pour régler d'une façon définitive la succession de la duchesse d'Ayen. Ce n'était pas chose aisée, puisqu'il y avait des mineurs et que Mme de Montagu, en sa qualité d'émigrée, était frappée de mort civile. Rosalie, Mme de Grammont était aussi à ce rendez-vous; ce fut pour les trois sœurs un moment délicieux que cette réunion après tant de secousses et de deuils. En fait de confortable, tout manquait cependant à Vianen, et l'on y faisait maigre chère. Presque chaque jour, il y avait une quinzaine de convives à table, et la suprême ressource de la maîtresse de maison, quand elle craignait que le menu ne fût insuffisant, était de faire des œufs à la neige; comme plat de résistance, on conviendra que c'était un peu léger.

Après le souper, les trois sœurs enveloppées de leurs pelisses, de crainte d'attraper froid, se retiraient dans une chambre sans feu; là, on ne s'occupait guère des intérêts de la terre, des questions d'argent; on parlait de Dieu, de ses miséricordes infinies, de ses volontés toujours adorables, même lorsqu'elles nous paraissent adverses, on parlait des chères mortes toujours vivantes dans ces cœurs fidèles, on priait pour leurs bourreaux. « Prions pour leurs ennemis, à leur exemple, et comme il est dit dans les dernières lignes de leur testament, non seulement pardonnons-leur, mais prions Dieu de les combler de ses miséricordes. »

La conversation avait lieu à voix basse, afin de ne pas troubler le sommeil des maris et des enfants qui reposaient non loin de là, et se prolongeait souvent jusqu'à une heure ou deux du matin.

Le 5 mai, les trois sœurs se séparèrent, et Mme de Lafayette se mit de nouveau en marche vers Paris pour préparer l'exécution des partages dont on venait de convenir. Elle s'y employa avec son activité et son intelligence habituelles. Au mois de septembre, elle écrivait à sa sœur Pauline :

« Nous avons payé cette année toutes les dettes exigibles, nous avons fait vivre tous nos vieux pensionnaires, nous sommes, il faut l'espérer, à la dernière année des extrêmes embarras, et il y a quelque encouragement pour l'activité en voyant ce qui est déjà fait. Mais quant à moi, ma chère Pauline, que puis-je dire? Retenue, non plus par la violence des circonstances, mais par ma volonté contre les plus justes mouvements de mon cœur, condamnée à être séparée de ce que j'aime, jusqu'à la fin d'affaires où les difficultés renaissent sans cesse, je n'ai pas besoin de dire que mon cœur ne repose pas où je suis... Sommes-nous destinées à vous revoir en France, chère Pauline? Dieu le sait. Nous devons, chère amie, nous abandonner plus entièrement à Lui en ce moment de crise. C'est le centre où nous nous retrouverons. Il faut vivre comme Abraham, prêts à marcher dès que Dieu nous appelle et où Il nous appelle, et si sa voix nous appelle à la réunion dont nous avons fait à Vianen une si douce expérience, cette voix retentira bien vivement dans mon cœur....»

La révolution du 18 brumaire (9 novembre 1799) vint changer la face des choses. Mme de Lafayette qui souhaitait passionnément que son mari revînt en France, lui fit parvenir un passeport, sous un nom supposé. Le général quitta la Hollande sur-le-champ, et arriva bientôt à Paris. Le premier consul fut très mécontent; il aurait voulu que M. de Lafayette restât en exil, et qu'il sollicitât sa rentrée comme tout le monde. Mme de Lafayette qui était la femme des décisions promptes et énergiques, alla trouver Bonaparte; il l'accueillit fort bien, et après avoir écouté ses explications, il lui répondit :

« Je suis charmé, Madame, de faire votre connaissance; vous avez beaucoup d'esprit, mais vous n'entendez pas les affaires. »

Cependant il fut convenu que le général resterait en France, et qu'il attendrait à la campagne le terme légal de sa proscription.

Par suite des arrangements de famille qui ne furent achevés qu'en 1801, Mme de Lafayette eut en partage le château de la Grange et ses dépendances. C'était une demeure des plus attrayantes : les murailles à créneaux, les tours noircies par le temps lui eussent donné un aspect triste et sévère, si le paysage environnant ne lui eût communiqué un peu de sa grâce et de sa fraîcheur.

En 1802, Mme de Montagu fut obligée d'aller seule dans le Limousin pour essayer de rentrer en possession des biens de son aïeul, le maréchal de Noailles; elle y trouva un ancien avocat très dévoué à la famille de Noailles et qui, pour les recherches dont elle avait besoin, la mit en rapport avec un vieux gentilhomme du pays, le commandeur de Lasteyrie. Ce dernier s'offrit avec une courtoisie parfaite, à guider Mme de Montagu dans les courses qu'elle était obligée de faire, se recommandant d'une parente un peu éloignée. Le neveu du commandeur, Louis de Lasteyrie était parfois en tiers dans leurs excursions; il avait une belle tournure, une aimable physionomie, de l'esprit; il était pieux sans bigoterie, instruit sans pédantisme. Il plut infiniment à Mme de Montagu, et elle dit en riant au commandeur qu'il se pourrait faire que bientôt de nouveaux liens unîssent leurs familles.

En effet, l'année suivante, Louis de Lasteyrie épousait Virginie de Lafayette; le jeune couple fut béni par le Père Carrichon qui, dix ans plus tôt, avait assisté la duchesse d'Ayen et sa fille, alors qu'elles marchaient au supplice.

Quelques mois auparavant, Georges de Lafayette s'était, lui aussi, marié suivant son cœur; sa femme Émilie, fille du comte de Tracy, était considérée par Mme de Lafayette comme une troisième fille, non moins chérie que les deux autres.

A la Grange, les jours s'écoulaient doucement; le général plantait, défrichait, s'occupait d'élevage; sa femme heureuse de le voir rentrer dans la vie privée, jouissait sans arrière-pensée des derniers beaux jours que Dieu lui ménageait ici-bas. Elle ne mettait point en oubli les pauvres qu'elle avait toujours aimés; non loin du château, elle avait établi une école qui était un de ses grands soucis, car elle n'ignorait pas quelle influence la première éducation a sur l'existence tout entière.

En 1807, lorsque Mme de Montagu vint à la Grange, elle trouva sa sœur un peu languissante, mais on était si habitué à la voir ainsi depuis la captivité d'Olmütz, elle était si douce, si courageuse au milieu de ses souffrances que personne ne songeait à s'inquiéter sérieusement. Cependant, vers la fin d'août, elle ressentit de cruelles douleurs accompagnées de fièvre. Le 11 octobre, elle put encore se traîner à la chapelle pour y entendre la messe, mais c'était la dernière fois. Elle fut transportée à Paris, chez Mme de Tessé, sans doute pour que les médecins fussent plus à portée de la soigner. Mme de Montagu se trouvait alors à Villersexel, près de Mme de Grammont; elle revint précipitamment à Paris, craignant d'arriver trop tard.

Il semblait que le mal se fût concentré dans le cerveau; durant un mois, la malade eut un délire des plus étranges. Le passé n'existait plus pour elle, le présent ne lui offrait que des idées confuses; elle se croyait en Judée, en Égypte, dans les temps bibliques; toutefois, au milieu de ses divagations extraordinaires, son affection à l'égard de son mari, de ses enfants restait vive, ardente comme jadis. Ses sentiments religieux n'avaient rien perdu non plus de leur intensité.

Trois semaines environ avant sa mort, elle se figurait être au jour de Pâques, sa sœur lui rappela qu'on était dans l'Avent. « Eh bien ! s'écria-t-elle, c'est un temps de désir. La vie est courte : heureux qui a vécu pour Dieu ! »

Le 15 décembre, dans l'après-midi, elle pria sa fille aînée de lui lire la messe du jour : c'était la messe du troisième dimanche de l'Avent. Quand elle entendit ce verset : Dites à ceux qui ont le cœur abattu : Prenez courage et ne craignez rien, Dieu lui-même va venir et Il vous sauvera, — elle dit :

« Mon cœur est ferme encore, j'espère que Dieu me soutiendra. Quelle différence, ajouta-t-elle, d'un chrétien à un autre homme ! Il voit les desseins de cette ineffable miséricorde par laquelle Dieu non seulement vit pour nous et se perpétue, mais encore vit dans nous. »

Elle prévoyait sa fin prochaine et n'en concevait aucune crainte.

« Soumettons-nous, mes enfants, disait-elle à ses filles, ayons confiance en Dieu, et rappelons-nous cette parole d'un prophète : Dites au juste que tout va bien pour lui. »

Après une de ses plus terribles crises, remarquant l'émotion de son entourage : « Mon état trouble vos jouissances, aucune des miennes n'en est diminuée. »

Si elle se montrait douce, affectueuse envers tous, elle semblait réserver quelque chose de plus exquis, une tendresse plus pénétrante pour son mari.

« Cette vie est courte, troublée, lui disait-elle souvent, réunissons-nous en Dieu, partons ensemble pour l'éternité.

» Le sacrifice de ma vie, lui disait-elle une autre fois, serait bien peu, quoiqu'il m'en coûtât de vous quitter, s'il assurait votre bonheur éternel. »

Elle reçut les derniers sacrements avec une grande piété, et quatre jours avant sa mort, elle commenta tout haut, d'une manière très claire et très lucide, le *Pater*, l'*Ave* et le *Credo*. Fréquemment elle baisait un petit crucifix que Mme de Montagu lui avait apporté ; la veille de son trépas, elle ajouta après l'avoir baisé : « C'est notre rédemption. »

Le matin de son dernier jour, elle dit : « Aujourd'hui, je verrai ma mère. » Elle bénit son mari, ses enfants, sa chère sœur Pauline à qui elle remit un anneau formant un crucifix qu'elle portait toujours au doigt.

Vers le soir : « Je ne souffre pas, murmura-t-elle, » puis elle ajouta : « Je vous souhaite à tous la paix du Seigneur. »

A son mari et d'un accent inimitable, elle adressa ces mots : « Je suis toute à vous ! »

La nuit de Noël, elle rendit à Dieu sa belle âme et alla fêter, dans la céleste Jérusalem, la naissance du Rédempteur.

Suivant le désir qu'elle en avait exprimé, elle fut inhumée sans aucune pompe, dans ce cimetière de Picpus où, parmi les cendres de tant de victimes, reposaient les restes de sa grand'mère, de sa mère et de sa sœur.

A quelque point de vue qu'on se place pour juger Mme de Lafayette, elle apparaît comme le modèle de toutes les vertus.

« ... Pendant les trente-quatre années d'une union où sa tendresse, sa bonté, l'élévation, la délicatesse de son âme charmaient, embellissaient, honoraient ma vie, écrivait son mari, je me sentais si habitué à tout ce qu'elle était pour moi que je ne la distinguais pas de ma propre existence.

» Nous avons tous vu, lisons-nous dans la même lettre, combien cette femme si élevée, si courageuse dans les grandes circonstances, était bonne, simple, facile dans le commerce de la vie, trop facile même et trop bonne, si la vénération qu'inspirait sa vertu n'avait pas composé de tout cela une manière d'être tout à fait à part. »

« Elle est, écrivait plusieurs années auparavant Mme de Montagu, admirable par sa foi, son zèle, sa soumission, sa droiture. A chaque instant, je trouve en elle un modèle. Sa bonté est imperturbable et m'encourage à la reprendre de ses défauts, parce qu'elle écoute toujours d'une manière ravissante ; mais elle n'est pas assez intérieure ; elle calcule trop le bonheur, ou du moins les consolations que l'on peut avoir sur la terre. »

Quel éloge qu'une semblable restriction ! et qu'il est peu de femmes, même parmi les meilleures, contre lesquelles on n'aurait à formuler que le seul reproche adressé par Mme de Montagu à son héroïque sœur !

MADAME DE MONTAGU

La vie de Mme de Montagu, qui ne dépassa guère le cercle de la famille, n'est pas remplie d'actions éclatantes comme celle de sa sœur Mme de Lafayette, mais par cela même, elle est peut-être plus féconde en utiles enseignements. Au sein de la prospérité comme dans les tristesses de l'émigration, au foyer domestique comme au milieu des angoisses et des difficultés de l'exil, toujours Pauline donnera l'exemple d'un amour ardent pour Dieu et les pauvres, et pratiquera, grâce à cette double passion qui possédait tout son être, les vertus les plus héroïques aussi bien que les plus humbles devoirs.

Anne-Paule-Dominique, quatrième fille de la duchesse d'Ayen, naquit à Paris le 22 juin 1766; d'après le désir de sa pieuse mère, elle eut pour parrain et marraine, deux mendiants de Saint-Roch, sa paroisse, et jamais elle n'oublia ce lien spirituel qui l'unissait à la pauvreté.

Dans l'étude sur Mme de Lafayette, nous avons vu avec quelle tendresse, quel zèle admirable la duchesse éleva ses enfants; Mlle de Maintenon, c'est ainsi qu'on désigna Pauline jusqu'à son mariage, parle de sa mère avec le même enthousiasme que sa sœur.

« Ma mère avait un cœur droit, un caractère fort, un esprit sage et profond; elle fut toujours entièrement dévouée, quoi qu'il lui en pût coûter, à ce qu'elle croyait être son devoir. Elle avait une raison supérieure; ses expressions comme ses sentiments étaient toujours vrais; elle craignait jusqu'à l'apparence du mal; juste et charitable, elle avait au plus haut degré le détachement, même le mépris des richesses. »

Pauline répondit à merveille aux soins qui lui furent prodigués, toutefois les commencements avaient été difficiles : d'une nature ardente, impétueuse, mobile à l'excès, elle n'entendait subir aucun joug, et elle se laissait entièrement gouverner par ses impressions. Peu à peu, l'habile direction maternelle, les sentiments religieux sagement développés et entretenus dans cette jeune âme en apaisèrent les révoltes et les violences; le caractère de la jeune fille se modifia complètement; suivant sa propre expression, elle se convertit, — elle avait alors un peu plus de douze ans. — Elle fut puissamment aidée dans cette œuvre difficile par l'exemple de son angélique sœur, Mlle de Montclar qui épousa plus tard M. de Grammont. Elle devint aussi douce, aussi patiente qu'elle était jadis violente et emportée, elle se montra non seulement scrupuleuse observatrice de ses devoirs, mais encore de certaines règles particulières qu'elle voulut s'imposer à elle-même. La première communion qu'elle fit avec la ferveur d'un séraphin acheva de détruire jusqu'aux moindres germes des mauvaises dispositions qui avaient tant alarmé la sollicitude de sa mère.

Vers cette époque, elle prit aussi l'habitude d'écrire un journal; elle y consignait les menus événements de son existence et surtout ses fautes, ses manquements, ses résolutions, ses progrès dans la vertu; elle s'animait de la sorte à aimer Dieu davantage et à vivre plus saintement. Nous y trouvons les lignes suivantes qui nous font connaître ses rapports avec sa jeune sœur Rosalie de Grammont.

« Je lisais dans son âme et elle lisait dans la mienne; elle n'avait rien à apprendre de moi, et j'avais tout à apprendre d'elle. Elle m'encourageait, elle m'apaisait, elle m'avertissait timidement et presqu'en rougissant de ce qu'elle apercevait de répréhensible et quand elle me parlait, je l'écoutais comme on écoute sa propre conscience, avec humilité, docilité et respect. »

Quel que fût le sérieux, l'austérité même des enseignements maternels, il ne faut pas croire que la duchesse sevrât ses enfants des plaisirs et des délassements nécessaires à leur âge. Jusque dans sa vieillesse, Pauline aimait à se rappeler les promenades qu'elle et ses sœurs faisaient dans la forêt de Saint-Germain, chez leur aïeul paternel, ou à

Fresne, chez M. d'Aguesseau, père de la duchesse d'Ayen. Dans les beaux jours d'été, accompagnées de cousines aussi enjouées qu'elles-mêmes, les jeunes filles allaient quelquefois goûter soit à Meudon, soit sur les hauteurs du mont Valérien. Ces dernières excursions offraient un attrait tout particulier, car chacune des promeneuses avait un âne à sa disposition ; après le plaisir de diriger sa monture, un plaisir presque aussi vif, quoique d'un tout autre genre, était de voir Mlle Marin tomber de la sienne. Mlle Marin possédait toutes les qualités solides et indispensables à son emploi de gouvernante, mais elle était raide, prétentieuse, pédante et très susceptible. Elle se pavanait sur maître Aliboron avec un air si solennel, si gourmé, que cela mettait en belle humeur la folle jeunesse qui l'entourait, et comme elle avait la faiblesse de se fâcher des rires qu'elle surprenait, les rires redoublaient quand la bonne demoiselle venait à choir sur l'herbe du chemin, ce qui arrivait plusieurs fois durant la promenade. Si, par aventure, quelqu'une des fillettes prise d'un remords tardif s'approchait pour relever l'écuyère maladroite, elle essuyait toute la mauvaise humeur de cette dernière, et attrapait en outre un long sermon.

Nul doute que Pauline dont l'âme tendre était inclinée à la compassion, n'eût reçu de la sorte plus d'une semonce.

Le duc d'Ayen qui ne partageait nullement l'amour de sa femme pour la retraite, ne vivait guère en famille; d'ailleurs les charges qu'il exerçait le retenaient ou à l'armée ou à Versailles près du roi. Il était instruit, intelligent et causait avec un charme infini; un vrai gentilhomme, brave, entreprenant, un peu vif, mais plein de délicatesse et de générosité. Quand il venait à Paris, il s'occupait de ses filles, avec intérêt et affection, et celles-ci, quoique un peu intimidées par sa haute mine et cet air sévère que donne le commandement, se montraient très heureuses de ses courtes visites.

Mlle de Maintenon ayant atteint ses quinze ans, on songea sérieusement à l'établir. Un parti fort brillant fut rejeté d'un commun accord par ses parents, parce qu'il ne présentait pas, d'un autre côté, toutes les garanties désirables; bien que ne méprisant pas les avantages qu'offre la fortune, le duc et la duchesse ne les mettaient point au premier rang.

Un autre projet qui leur convenait davantage n'eut pas de suites, enfin la princesse de Chimay proposa le marquis de Montagu, capitaine de dragons au régiment d'Artois. Il était des mieux apparentés, car au XIIIe siècle, un Montagu figure comme grand maître des Templiers, et un peu plus tard, sous le règne du roi Jean, un autre de ses ancêtres était chancelier de France.

Joachim de Montagu avait un extérieur assez ordinaire, il était marqué de petite vérole, accident bien commun à cette époque où la vaccine n'existait pas encore, toutefois l'expression de son visage était agréable et douce. Il avait un bon esprit et beaucoup de délicatesse dans les sentiments.

Lorsque toutes les conventions furent définitivement arrêtées entre les deux familles, on présenta le jeune homme à sa fiancée. Pour cette première entrevue solennelle, Pauline était vêtue d'une robe à la turque, en satin gros bleu sur une jupe de satin blanc. Elle se sentait si timide, si peu à l'aise qu'elle n'osait lever les yeux, et elle était en grand danger de ne pas connaître son futur époux; par bonheur que M. de Beaune se leva pour examiner un portrait de Washington qui était près de la cheminée, son fils le suivit; sûre alors de n'être pas vue, la jeune fille put examiner ce dernier à loisir. Il ne lui déplut pas, et elle avoua à sa mère qu'elle l'acceptait volontiers pour époux.

On ne tarda pas à commencer les préparatifs du mariage; la corbeille était magnifique et contenait pour plus de 40,000 livres de diamants. Mlle de Maintenon fut comblée de cadeaux tous plus riches les uns que les autres. — On voit par là que cette habitude d'offrir des présents aux fiancés n'est pas de date récente. — Ses deux tantes paternelles, la duchesse de Lesparre et la comtesse de Tessé (plus d'une fois nous aurons occasion de parler de cette dernière) lui donnèrent une croix à la Jeannette en diamants; son grand-père, M. d'Aguesseau offrit un superbe nécessaire; le maréchal et la maréchale de Noailles, une toilette en vermeil; ses trois sœurs aînées, chacune un épi de blé en diamants destiné à être posé dans les cheveux; le grand-père de M. de Montagu, une bague ornée d'un gros diamant; son oncle et sa tante, des boucles d'oreilles également en diamant.

Depuis la signature du contrat jusqu'à la veille du mariage, la fiancée, dans des atours aussi somptueux que lourds et incommodes, assise bien droite à côté de sa mère, reçut les visites d'usage. Chaque arrivant à qui elle était présentée faisait deux ou trois profondes révérences auxquelles il fallait répondre : toute la noblesse de Paris y passa. Durant les longues heures de ce fatigant cérémonial la pauvre Pauline se ressouvint peut-être des paroles si vraies de Mme de Maintenon. « Il n'est pires austérités que celles du monde. »

Le mariage fut célébré dans l'église Saint-Roch, le 12 mai 1783. La mariée était un peu pâle, mais de cette pâleur mate qui sied si bien aux brunes, et qui faisait ressortir encore ses magnifiques cheveux noirs et l'éclat velouté de ses yeux. Elle portait une robe blanche brochée d'argent avec des panaches qui en rattachaient les garnitures et relevaient l'étoffe en draperie sur un panier très volumineux, ainsi que le voulait la mode du temps. Voyons quelles étaient ses pensées, alors que son père la conduisait et la laissa prosternée au bas du sanctuaire.

« Je me vis comme transportée dans une autre région, et je tombai dans un profond recueillement. Oppressée de la multitude de choses que j'avais à demander, je me bornai à faire avec ferveur le sacrifice entier de ma vie et de mes goûts, et à souhaiter pour toute grâce celle qui les comprend toutes : de suivre en chaque rencontre la volonté de Dieu dans mon nouvel état. Je priai ensuite de tout mon cœur pour celui à qui j'allais être unie. »

Cette journée où elle changea plusieurs fois de toilettes se termina par un grand souper de soixante couverts où les nouveaux époux furent placés l'un près de l'autre.

Deux jours plus tard, la jeune marquise, les yeux baignés de larmes, monta dans une berline bleue mouchetée d'argent, à ses armes, et deux vigoureux chevaux *Pantagruel* et *Gargantua* la transportèrent à l'hôtel de son beau-père, M. de Beaune chez qui elle devait vivre désormais. Pendant les premières semaines, elle n'eut guère de repos, car il fallait paraître dans les réunions qui furent données en son honneur. A Chaville, chez la comtesse de Tessé, la fête fut splendide et se prolongea jusqu'à minuit, dans les jardins dont tous les bosquets étaient illuminés *a giorno*.

La présentation de la jeune femme à la Cour eut lieu également vers cette époque. Dans cette mémorable circonstance, elle portait une jupe blanche avec un bas de robe gros bleu garni de rose, le tout criblé de pierreries, ainsi que l'étiquette l'exigeait. Il y en avait une si grande profusion qu'il fallait en emprunter, mais comme c'était l'usage, personne ne s'en formalisait.

Au bout de sept semaines, M. de Montagu repartit pour son régiment, et Pauline resta seule avec son beau-père et sa tante, Mme de Bouzolz, qui n'était guère plus âgée qu'elle. M. de Beaune avait un caractère loyal et plein de générosité ; seulement, il était très absolu dans ses idées et n'admettait aucune résistance; il avait l'esprit vif et agréable, mais sceptique et frondeur. Il aimait infiniment sa bru et la comblait de prévenances et d'attentions. Mme de Bouzolz était étourdie, un peu légère; elle adorait le bal, le spectacle, les romans, et elle s'amusait fort des scrupules et des timidités de sa nouvelle nièce.

Telles étaient les deux personnes qui remplaçaient auprès de la jeune femme l'austère vigilance de la duchesse d'Ayen et les pieux exemples de Mlle de Montclar. Malgré ce milieu si différent et son extrême jeunesse — elle n'avait que dix-sept ans — Mme de Montagu conserva son angélique piété, mais jamais ses pratiques de dévotion ne furent une gêne ni un ennui pour son entourage. Elle suivait docilement son beau-père dans tous les lieux de plaisir où il plaisait à ce dernier de la conduire, soit au cercle de la reine, aux soupers de la maréchale de Luxembourg, ou aux réceptions de la vieille duchesse de Lavallière. Elle se montrait gracieuse, aimable, mais elle ne se donnait pas tout entière.

« Je me faisais, écrit-elle dans son journal, une solitude dans mon cœur. »

Un an environ après son mariage, elle eut une petite fille qu'elle voulut élever elle-même, et afin de se livrer complètement à ses nouveaux devoirs, elle ne parut plus dans le monde. Vers l'âge de dix mois, cette enfant qu'elle aimait avec passion lui fut enlevée à la suite d'une courte maladie. Comme Rachel pleurant dans Rama, la pauvre mère ne voulait pas être consolée; le chagrin altéra si gravement sa santé que les médecins l'envoyèrent passer une saison dans les Pyrénées. Un peu plus tard, la naissance de ses deux filles Noémi et Clotilde vint combler le vide de son cœur; elle ne jouit cependant pas de ses enfants autant qu'elle l'eût désiré, car M. de Montagu, redoutant pour elle la fatigue et l'insomnie, les fit élever à la campagne. La marquise n'eut plus alors de prétexte pour se dispenser de paraître à la Cour ou dans les autres réunions; de nouveau elle accompagna M. de Beaune, qui n'aimait pas à aller seul dans le monde, et qui jouissait extrêmement des succès que sa belle-fille, aussi modeste que charmante, obtenait sans les chercher.

Les sorties qu'elle faisait le plus volontiers étaient celles qui la conduisaient dans la demeure de l'indigent ou au chevet d'un malade, car elle était comme sa sœur Adrienne, elle aimait les pauvres et compatissait à leurs maux.

Durant le long hiver de 1788, elle mit à profit ses relations mondaines, et dans les salons qu'elle fréquenta, elle se fit sœur quêteuse; elle amassa de la sorte mille écus.

Il est vrai d'ajouter que son beau-père contribua beaucoup à compléter cette somme, car il lui donnait un louis chaque fois qu'il gagnait au jeu, et soit vanité ou charité, il prétendait ne jamais perdre.

La veille de l'ouverture des États généraux, M. de Beaune et son fils se rendirent à Versailles pour voir la cérémonie du 4 mai. Ce spectacle, qui attirait une foule nombreuse, eût dû séduire d'autant plus Mme de Montagu qu'elle comptait dans l'Assemblée plusieurs membres de sa double famille; elle resta dans Paris, devenu presque désert, à soigner un de ses serviteurs malade.

Sa santé toujours délicate donna bientôt de nouvelles inquiétudes, et il fallut partir pour Bagnères. Elle fit une halte de quelque jours à Toulouse, afin d'embrasser sa nièce Jenny de Thésan, qui avait perdu sa mère l'année précédente. Cette entrevue, qui renouvela pour la malade la peine que lui avait causée la mort de sa sœur, aggrava son état, et elle était presque mourante lorsqu'elle atteignit Bagnères.

Ce fut là qu'elle apprit et la prise de la Bastille et la nomination de son beau-frère, M. de Lafayette, au commandement de la garde nationale de Paris. Plus que les autres filles de la duchesse d'Ayen qui avaient embrassé en partie les idées politiques de leurs maris, Pauline était restée fidèlement attachée aux principes monarchiques; aussi cette nomination dont elle s'exagérait encore les conséquences, la bouleversa au point de lui faire perdre connaissance.

A la suite de cette syncope, elle se trouva si mal que les médecins conservèrent peu d'espoir de la sauver; elle-même crut que sa dernière heure était venue, et elle s'y prépara avec beaucoup de calme et de ferveur. Quels que fussent les liens qui l'attachaient ici-bas, elle aimait trop Dieu pour se sentir troublée d'aller à Lui.

Après avoir reçu les sacrements avec une grande piété, elle écrivit à sa sœur bien-aimée, Rosalie de Grammont, mariée depuis un an environ.

Nous citons presque toute cette lettre qui, mieux que nos pâles appréciations, fera connaître l'âme saintement héroïque et pourtant si aimante de Mme de Montagu.

« Soutenez votre courage, ma chère amie; notre séparation, quoique pénible, ne sera pas éternelle. Un jour, nous nous retrouverons, notre union est indissoluble. J'emporte avec moi et je vous laisse toutes les consolations de la religion. Vous connaissez mon cœur et toute ma tendresse; mon amitié était en Dieu et ne tendait qu'à Lui. Il a accepté le sacrifice plein et entier que je lui fais de ma vie. Il me retire bien jeune de ce monde : que son saint nom soit béni! Quand je pourrai jouir de la béatitude, quand j'aurai expié mes fautes ou mérité le ciel par vos prières, alors je prierai ardemment pour vous et pour votre mari; vous obtiendrez son salut, j'en ai la ferme espérance; mais celui de mon père m'occupera éternellement.

» Vous savez combien je l'ai désiré et demandé à Dieu. Hélas! je ne lui étais pas utile sur cette terre. Parlez-lui sans cesse de moi et de ma tendresse. Dites-lui que j'aurais voulu, même aux dépens de ma vie, contribuer à son salut. Je vous charge de lui faire mes derniers adieux.

» Je n'écris point à ma mère, je connais sa force et ne veux point l'affaiblir; sa foi la soutiendra dans ce terrible moment. Dites-lui bien en mon nom que je lui dois le bonheur de ma vie passée et le bonheur de ma vie future; que je ne cesserai de rendre grâce à Dieu, lorsqu'il m'aura fait miséricorde, de nous avoir donné une telle mère....

» Ah! rendez-lui tous les jours de votre vie des actions de grâces et pour vous et pour moi, vous qui jouirez longtemps encore, ainsi que nos sœurs, du bonheur de la posséder.

» Cette lettre vous sera commune.

» Notre union m'a rendue heureuse et m'a soutenue dans tous les temps, même en ce cruel moment; l'espoir de chanter un jour avec vous toutes les miséricordes du Seigneur fait ma consolation. J'ai prié mon mari de confier nos deux enfants à ma sœur de Noailles. Je lui ai parlé avec une grande confiance de mes intentions. Voyez-le souvent, rappelez-lui mon désir ardent et ma continuelle occupation de son bonheur....

» Courage, chère amie! Dieu exige un terrible sacrifice. Offrez-lui votre douleur; triomphez de l'abattement où vous vous sentez plongée, afin que rien ne vous détourne de vos devoirs.... »

Contre toute attente et à la grande joie des siens, Pauline guérit; elle quitta le Midi vers la fin de septembre, et arriva à Paris pour les tristes journées du 5 et du 6 octobre.

Les événements avaient marché depuis son départ, et l'on commençait à redouter quelque catastrophe. Les têtes étaient fort exaltées, et chacun se passionnait dans un sens ou dans un autre; les salons, même les plus aristocratiques, ressemblaient bien plutôt à des clubs qu'à des réunions de gens bien élevés, tant les discussions s'envenimaient et tournaient à l'aigre.

Mme de Montagu, qui était profondément attachée à tous ses proches, s'affligeait de leurs divisions et de leurs querelles. Elle s'affligeait plus encore peut-être de ne pouvoir partager les opinions de ses sœurs aînées, de son mari même, et de se sentir entraînée vers le parti opposé! Son beau-père, avec qui elle était davantage en communion d'idées et de sentiments politiques, la faisait souffrir d'une autre manière, par son intolérance excessive vis-à-vis de quiconque ne partageait ni ses haines ni ses préjugés.

M. de Montagu n'était pas plus qu'un autre à l'abri de la mauvaise humeur et des vivacités paternelles. Les altercations étaient très fréquentes entre eux, et l'on devine combien il était pénible pour la jeune femme d'assister à ces luttes intestines que le plus léger prétexte suffisait à faire renaître.

M. de Beaune voulait quitter la France; son fils regardait l'émigration comme une faute, et il appuyait son jugement d'une foule de considérations qui avaient seulement pour résultat de porter l'exaspération du vieillard jusqu'à son paroxysme.

Un coup aussi cruel qu'imprévu vint arracher pour un instant la marquise à ces dissensions domestiques : sa plus jeune fille, Clotilde, mourut entre ses bras après une douloureuse agonie. La pauvre mère était encore tout en larmes près du corps inanimé de son enfant, lorsqu'on lui vint annoncer que Mme de Grammont avait un fils; alors, ne voulant pas que sa sœur apprît dans un pareil moment le chagrin qui l'accablait, elle essuya courageusement ses pleurs, fit sa toilette et courut à l'hôtel de Noailles.

Elle embrassa sa chère Rosalie et le nouveau-né, sans que rien trahît la torture qu'elle subissait; mais à peine fut-elle hors de la chambre qu'elle tomba évanouie.

Toutes ces émotions eurent une fâcheuse influence sur sa délicate organisation, et l'été qui suivit, elle fut obligée, d'après les conseils des médecins, d'aller aux eaux d'Aix, en Savoie. De là, elle s'établit, avec son mari et sa fille, au château de Plauzat, berceau de la famille de Montagu.

M. de Beaune avait quitté la France et rejoint les princes.

Le château de Plauzat, situé en Auvergne était de construction bizarre et fort ancienne; du haut des tours, la vue embrassait une vallée fertile et bien cultivée. Quand le temps était clair, on pouvait distinguer jusqu'à quatorze clochers. Les appartements étaient superbes et grandioses, entre autres une des salles, tendue de damas cramoisi, qui renfermait tous les portraits de famille.

La chambre de la marquise était couverte du haut en bas de tapisseries à l'aiguille, œuvre de la mère de M. de Beaune.

Laure de Fitz James, petite-fille de Jacques II, ne dédaignait pas plus le fuseau que l'aiguille, et elle ne couchait que dans des draps filés de ses propres mains.

Quelle leçon ces grandes dames d'autrefois, qu'on se figure volontiers passant le temps à leur toilette ou dans les divertissements futiles, donnent à la jeunesse d'aujourd'hui si occupée de choses frivoles ou inutiles... quand elle daigne s'occuper.

Mme de Montagu se plaisait infiniment en Auvergne; aussi, après avoir passé trois ou quatre mois d'hiver à Paris, y revint-elle avec bonheur; mais les événements qui marchaient avec une effrayante rapidité avaient leur contre-coup jusque dans les provinces les plus reculées; on commençait à s'insurger dans les campagnes, et quelques châteaux avaient été brûlés. A Plauzat, on n'en était pas encore là; néanmoins un club s'organisait à deux pas du manoir, et les habitants pouvaient, de leur chambre, en entendre les clameurs et presque les harangues débitées en patois auvergnat. La marquise, dont les convictions semblaient grandir avec le malheur de la royauté, essayait en toute occasion de vaincre les derniers scrupules de son mari touchant l'émigration; il résistait toujours. Une lettre de leur cousine, la comtesse d'Escars, l'ébranla plus que tous les raisonnemenis et les prières de sa femme. Dans cette lettre, la comtesse disait avoir rencontré à Aix-la-Chapelle M. de Beaune, qui était au désespoir de l'obstination de son fils; elle ajoutait qu'il était à craindre que le chagrin n'abrégeât ses jours. Après avoir lu cette missive, le marquis se promena dans la chambre avec agitation et dit à sa femme qu'il sortirait de France, puisque M. de Beaune attachait tant d'importance à cette question, mais qu'il ne rejoindrait point les princes, et qu'il irait simplement en Angleterre. Il partit presque aussitôt pour Paris, afin de régler quelques affaires.

Pendant son absence, M. et Mme de afayette, qui se rendaient à Chavaniac, passèrent par Plauzat. Nous avons vu ailleurs que Pauline, respectant même à distance les préjugés de son beau-père, n'osa recevoir sa famille au château. Elle alla, sur la grande route, attendre sa sœur dans une auberge isolée. Leur entretien n'en fut ni moins tendre ni moins affectueux; les deux sœurs, très émues l'une et l'autre promirent de s'écrire souvent et de s'aimer toujours.

Peu après, la duchesse d'Ayen, qui était attendue à Chavaniac, s'arrêta quinze jours chez sa chère de Montagu. Ce devait être leur dernière réunion sur la terre; par bonheur, elles l'ignoraient. Ah! que Dieu est miséricordieux et bon de voiler ainsi l'avenir à nos regards, et de ne laisser à notre humaine faiblesse que l'épreuve de l'heure présente! La jeune femme, ne voulant point attrister la joie de se revoir, ne parla point à sa mère du projet d'émigration qui était sur le point de s'effectuer. Jamais les entretiens maternels ne lui avaient paru plus doux, plus pénétrants; elle en jouit avec délices. La duchesse tenait de son aïeul, le chancelier d'Aguesseau, une rare facilité d'élocution; quand elle parlait de Dieu, le suprême amour de sa vie, elle devenait éloquente, et les paroles abondantes et pressées jaillissaient de ses lèvres comme d'une source trop pleine. Enfin les deux semaines de cette réunion se terminèrent; il fallut songer aux adieux. Pauline n'avait encore rien dit, et moins que jamais elle se sentait le courage de rompre le silence. Le matin du départ, elle entra dans la chambre de la duchesse et s'assit à ses pieds, les yeux baignés de larmes. Elle la regarda longuement comme si elle eût voulu emporter son image bien-aimée dans son cœur. Après le déjeuner auquel on ne toucha guère, elle appuya tendrement le bras de sa mère sur le sien et la conduisit jusqu'à la voiture; l'heure de se quitter était venue. Elle n'eut pas la force de lui donner un dernier baiser, elle lui fit embrasser sa petite Noémi. La calèche s'ébranla; elle la suivit du regard tant qu'elle put l'apercevoir, puis elle s'enferma dans sa chambre, et là, seule devant Dieu, elle s'abandonna à toute sa douleur.

Elle ne tarda pas beaucoup à rejoindre son mari à Paris. Sa sœur de Noailles, qu'elle espérait y trouver, n'y était plus; mais elle vit Mme de Grammont, qui, bien que souffrante, la seconda dans tous ses préparatifs de départ. Le 7 décembre, malgré la neige qui couvrait la terre et tombait assez abondamment, les deux sœurs sortirent à pied pour entendre la messe dans un oratoire secret. Elles connaissaient déjà la maison; elles grimpèrent au troisième étage, et entrèrent dans la pièce nue et froide où l'autel était disposé. Peu après, la petite chapelle se remplit, et l'auguste sacrifice commença. Au moment de la communion, un mouvement eut lieu dans la foule; beaucoup de fidèles s'approchèrent de la table sainte. Pauline et Rosalie, agenouillées l'une près de l'autre, reçurent aussi leur Dieu; alors elles comprirent que,

D'AGUESSEAU

munies de ce viatique divin, elles pouvaient tout braver, même les déchirements d'une séparation dont le terme était inconnu.

Ne voulant pas mettre les domestiques dans le secret du départ, on leur laissait croire qu'il s'agissait d'un voyage ordinaire; elles firent les malles elles-mêmes, et ce soin remplit la journée entière. Le soir, Pauline écrivit à sa mère et à sa sœur, et bien des larmes tombèrent de ses yeux durant que sa plume courait sur le papier. Le lendemain, dès cinq heures, elle était levée; après avoir achevé certains préparatifs, elle habilla chaudement sa petite Noémi, puis la remit à son père, qui la déposa dans la voiture. Mme de Grammont était là, triste et résignée.

— Chère sœur, avez-vous vos diamants?

— Pourquoi les prendrais-je? nous n'allons pas à une fête.

— Raison de plus pour que vous en ayez besoin. Il faut les emporter.

Elle n'en dit pas davantage, afin de ne pas exciter les soupçons des gens de service qui allaient et venaient. Mme de Montagu comprit, et elle mit sous son bras le coffret qui contenait ses parures. Alors jetant un regard sur sa chère Rosalie, elle donna un ordre insignifiant aux femmes de chambre, qui s'éloignèrent. Elle ne voulait pas que leurs adieux fussent profanés par aucun œil indifférent. Les deux sœurs se jetèrent dans les bras l'une de l'autre, confondant leurs larmes et leurs baisers; elles échangèrent à la hâte une boucle de leurs cheveux, et la marquise rejoignit son mari. Trois jours plus tard, ils étaient en Angleterre.

Le peu de mois qu'elle y passa ne fut qu'une suite non interrompue de tribulations; à peine arrivée à Londres, elle tomba malade assez gravement, et, chose toute nouvelle pour cette âme magnanime, une sorte de découragement la saisit. Elle demanda à un saint évêque qui vint la visiter si c'était un péché de souhaiter mourir. Cette défaillance dura peu, et elle promit à Dieu de recevoir indifféremment la vie ou la mort, suivant son adorable volonté! Quelques semaines plus tard, la même maladie qui lui avait déjà enlevé deux enfants, lui enleva sa petite Noémi. Elle était seule alors, M. de Montagu ayant été obligé de rentrer en France. Une amie de sa mère,

Mme de la Luzerne, qui ne l'avait guère quittée durant l'agonie de la chère enfant, l'emmena dans sa propre maison, et Mlle Alexandrine de la Luzerne, âme aussi tendre que pure, trouva si bien les paroles de consolation qui convenaient à la pauvre affligée, qu'elle fit presque oublier à celle-ci l'éloignement de ses sœurs.

Jusque là M. et Mme de Montagu ne savaient guère le prix de l'argent, ils dépensaient sans compter; mais si inexpérimentés qu'ils fussent dans les questions financières, ils s'aperçurent bientôt que leurs ressources diminuaient d'une manière effrayante. On songea aux diamants de la marquise; ils furent vendus 22,000 francs, ils en valaient plus de 40,000.

Les événements si graves qui venaient de se passer en France avaient vaincu les derniers scrupules de M. de Montagu, et il sollicita de son père l'honneur de servir sous ses ordres. Ils abandonnèrent donc l'Angleterre; Pauline s'installa dans un appartement meublé, à Aix-la-Chapelle, et M. de Beaune et son fils rejoignirent le camp de Coblentz. C'est à Aix que Mme de Montagu apprit la scène affreuse des 9 et 10 août, et le rôle si important que tous les siens y avaient joué. Quoique la ville comptât un certain nombre de centres de réunions assez mondains, la marquise ne quittait guère son humble demeure; elle priait ou lisait, et comme elle avait le secret pressentiment que cet exil durerait peut-être plus longtemps qu'on ne se l'était d'abord imaginé, elle mettait à profit ses loisirs forcés pour étudier l'anglais et l'allemand. Sa maison touchait à un monastère : de son lit, elle entendait les religieuses psalmodier l'office divin; elle s'unissait à leurs pieux exercices, et plus d'une fois il lui arriva de se relever afin de prier avec elles.

La bataille de Jemmapes fit tomber les armes des mains des émigrés. MM. de Beaune et de Montagu rentrèrent à Aix, profondément abattus; presque aussitôt on apprit que l'armée victorieuse conduite par Dumouriez marchait sur Aix. Ce fut alors une panique générale, et chacun se hâta de faire ses préparatifs de départ. Après bien des tribulations et des fatigues, Mme de Montagu, suivie de son mari et de son beau-père, débarqua sur les côtes anglaises, et vers les premiers jours de janvier 1793, tous s'installèrent dans un riant cottage, au bord de la mer. Dans leur voisinage habitait une famille très nombreuse, très unie et très respectable : celle de M. Le Rebours, ancien président au parlement. Un vieux prêtre déporté célébrait la messe chaque matin dans une chambre appropriée à cet usage. C'était une grande douceur pour Mme de Montagu d'assister à cette messe, et quand cela lui était possible, elle se rendait également à la prière du soir que l'on faisait en commun. Au moment de Pâques, elle se préparait à accomplir ses dévotions quand la Providence en décida autrement et lui ménagea une autre façon de chanter le joyeux *Alleluia :* le matin de Pâques, aux premières lueurs du jour, elle rendait grâce à Dieu qui lui donnait un fils.

Le temps s'écoulait au milieu de petites misères, d'ennuis de toutes sortes. Pauline, obligée de s'occuper du gouvernement intérieur de sa maison, faisait des écoles dont elle eût ri en toute autre circonstance; mais l'argent fondait pour ainsi dire dans ses mains, et elle déplorait amèrement ses maladresses. M. de Beaune se montrait plus irritable que jamais; il s'agitait, se tourmentait et tourmentait son entourage; afin de dissiper ses accès de mauvaise humeur, le vieillard ne trouvait rien de mieux que de se plonger dans la lecture des romans, et il venait lire à haute voix dans la chambre de sa belle-fille. C'était un supplice pour cette dernière, qui essayait de ne pas entendre et de prier tout bas. Au milieu de l'année, les époux virent qu'il était grand temps d'enrayer; tout était vendu : armes, chevaux, diamants. Ils décidèrent de se fixer en Belgique, où la vie était bien meilleur marché; la famille Le Rebours les y avait déjà précédés. Comme la marquise fut heureuse de retrouver de tels amis! Plus que jamais elle se sentit le besoin de leurs consolations, car les lettres qu'elle venait de recevoir de sa mère et de ses sœurs contenaient le récit de tristes et lamentables événements.

En dépit des progrès effrayants de la Révolution, les émigrés espéraient contre toute espérance, tant que l'armée vendéenne tenait debout : la défaite de Savenay les plongea dans la consternation, et ils comprirent que la France leur était fermée pour longtemps.

Avec sa nature ardente et naturellement portée aux actes

héroïques, Pauline eût volontiers partagé le sort des martyrs qui montaient sur l'échafaud; mais l'existence nomade, pleine de tiraillements, de misères de toutes sortes qu'elle menait depuis plusieurs mois, ces luttes, ces efforts perpétuels où se dépensaient sans résultats appréciables les forces vives de son âme, lui semblaient presque impossible à accepter. Néanmoins, comme elle était chrétienne dans la réelle acception du mot, elle courba la tête et reçut humblement de Dieu la croix qui lui était présentée, si opposée qu'elle parût à ses inclinations. Sur ces entrefaites, son fils mourut avant d'avoir accompli sa première année; c'était le quatrième ange qu'elle donnait au ciel.

A différentes reprises, Mme de Tessé avait invité sa nièce à la rejoindre en Suisse, où elle s'était installée assez confortablement; la jeune femme, qui ne voulait pas abandonner son mari, avait toujours répondu par un refus. Mme de Tessé ne se tint pas pour battue, et quoiqu'elle ne connût qu'imparfaitement la détresse de sa nièce, elle en soupçonnait plus qu'on ne lui en disait; aussi, en renouvelant son invitation dans le premier mois de l'année 1794, envoya-t-elle une riche tabatière pour subvenir aux frais du voyage. Cette tabatière, véritable objet d'art, avait appartenu à Mme de Maintenon; elle fut vendue en Angleterre cent livres sterling. Une fois encore Pauline plia sa tente; elle quitta Bruxelles, pour se rendre à Lauwemberg, dans le canton de Fribourg.

Mme de Tessé avait acheté là une sorte de ferme dont elle dirigeait l'exploitation avec autant d'activité que d'intelligence. C'était une femme hors ligne, mais d'un esprit très original; petite, sans beauté, ayant un tic nerveux qui lui faisait faire d'étranges grimaces, elle était néanmoins remplie de distinction et fort attrayante. Les idées philosophiques de Voltaire et des autres encyclopédistes avaient séduit son esprit raisonneur et indépendant; ses opinions sur la religion faisaient dresser les cheveux sur la tête de sa pauvre nièce qui, tout en aimant beaucoup sa tante, l'eût volontiers exorcisée.

— C'était, dit une de ses petites-nièces, une forte tête et une grande âme.

De même que son frère le duc d'Ayen, elle savait admirablement causer, talent d'ailleurs assez commun parmi les grandes dames de cette époque; aussi faisait-elle de la conversation la principale affaire de sa vie. Le comte de Tessé, quoique grand d'Espagne, lieutenant général des armées du roi, premier écuyer de la reine, etc., etc., n'était qu'une sorte de comparse auquel personne, à commencer par sa femme, ne prêtait attention.

Si heureuse qu'elle fût de se retrouver en famille dans un intérieur bien réglé, Mme de Montagu était profondément tourmentée au sujet des êtres chéris qu'elle avait laissés en France; après qu'elle eut appris, par une lettre venue de Londres, que son grand-oncle et sa grand'tante de Mouchy étaient tombés sous le couteau de la guillotine, ses angoisses ne connurent plus de bornes. Vers la fin de juillet, elle se mit en route pour aller voir son père, qui habitait le pays de Vaud. Il y avait alors cinq jours que sa grand'mère paternelle, sa mère et sa sœur, la vicomtesse de Noailles, étaient exécutées; elle l'ignorait, mais, jour et nuit, elle avait des visions horribles qui ressemblaient fort à des pressentiments. Nous avons vu que, dès sa jeunesse, elle aimait à répandre sur le papier le trop-plein de ses impressions, moins pour le soulagement qu'elle en retirait que pour s'en rendre un compte exact et voir clair dans son intérieur. Elle avait conservé cette habitude; aussi, avant de partir, alors que tout dormait dans la maison, écrivit-elle une sorte de prière, de plainte douloureuse que nous reproduisons :

« Eveillée de grand matin dans la vive appréhension d'un malheur dont je ne puis mesurer l'étendue, m'attendant à toute heure à apprendre la mort de ma mère et celle de quelques-uns des êtres qui, avec elle, sont les plus chers à mon cœur, je cherche en vain à remonter mon courage. Je suis sans force et sans vertu pour un tel sacrifice. O mon âme! vous laisserez-vous toujours diminuer par les mouvements d'une nature lâche que la mort effraie, parce qu'elle n'est pas faite comme vous pour l'immortalité? Différerez-vous encore à vous soumettre à ce qu'il vous faudra souffrir pourtant, et souffrir, à leur exemple, avec générosité? Tu crains, malheureuse fille, de n'avoir plus de mère, cette mère à qui tu aurais souhaité, si tu l'avais osé, une vie éternelle en ce monde si peu digne d'elle! C'est avec les sœurs qui me restent peut-être encore que je voudrais pleurer.... O mon Dieu! réunissez-moi à elle ou fortifiez-moi. Que jamais je ne quitte cette ombre chérie, et qu'après avoir été si longtemps sanctifiée par sa vie, je sois encore sanctifiée par sa mort, puisque c'est à sa mort qu'il faut me préparer. »

Après avoir passé un jour et une nuit en voyage, elle arrivait non loin de Lausanne, quand elle aperçut un char-à-bancs allant à toute vitesse, qui eut bientôt atteint leur carriole. C'était le duc d'Ayen ; il mit pied à terre; ses traits étaient si profondément altérés que sa fille ne le reconnut qu'à la voix. A son tour, elle s'élança hors de la voiture, en proie à une émotion indescriptible. Son père l'obligea doucement à remonter, la soutint dans ses bras et lui demanda de ne point l'interroger avant qu'on ne fût arrivé à Moudon, lieu de relais, situé à peu de distance. Elle se soumit.

— L'esprit de sacrifice, a-t-elle dit plus tard, occupait toutes les puissances de mon âme.

A Moudon, le duc s'enferma seul avec sa fille, dans une chambre d'auberge, et il lui apprit que sa propre mère, la maréchale de Noailles, avait porté sa tête sur l'échafaud.

— Et moi, mon père? interrogea-t-elle en joignant les mains dans un muet désespoir.

Il répondit en balbutiant un peu qu'il n'était pas sans crainte sur le sort de sa femme et même sur celui de sa fille de Noailles.... Pauline comprit que le sacrifice était consommé; ses larmes coulèrent avec abondance, pendant qu'elle répétait d'une voix brisée :

— Mon Dieu! mon Dieu! soumettons-nous!...

Un peu après, elle se mit à genoux, et, toute frémissante, elle récita l'Oraison dominicale, redisant à plusieurs reprises, d'un accent inimitable, le verset : « Pardonnez-nous nos offenses comme nous pardonnons à ceux qui nous ont offensés. »

Durant plusieurs jours, sa douleur fut si violente qu'on craignit un instant que sa raison n'en fût ébranlée. Mme de Tessé se montra toute maternelle à son égard, mêlant ses larmes aux siennes et parlant avec un sincère attendrissement des vertus de sa belle-sœur avec qui cependant elle ne sympathisait guère. M. de Montagu, qui habitait Constance chez son aïeul maternel, se rendit en toute hâte auprès de sa femme, et les témoignages d'affection qu'il lui prodigua eurent sur la pauvre désolée le meilleur effet. Sa conscience un peu timorée s'alarmait de l'excès de sa douleur et lui faisait craindre d'offenser Dieu; en écrivant à ses chères amies, Mme le Rebours et Mlle de La Luzerne, elle leur parla de cette inquiétude. Ses lettres furent montrées à l'abbé Edgeworth, qui lui répondit, afin de la rassurer, une épître admirable dont nous extrayons les passages suivants :

« Que vos larmes sont justes, Madame la Marquise, que votre état d'accablement est légitime, et que vous auriez grand tort d'attribuer à la faiblesse ou de confondre avec elle les effets d'une sensibilité que vous ne vous êtes pas donnée vous-même, qui est un don particulier du Ciel, et que vous honorez bien plus par ce tribut que vous payez aux droits imprescriptibles de la nature que si vous vous y refusiez ! Les saints ont versé des larmes sur la perte des êtres qui leur étaient chers, et leurs larmes, bien loin d'être un obstacle à leur sanctification, ont contribué à les y faire avancer, parce qu'en pleurant ils adoraient, ils bénissaient la main céleste qui les éprouvait. Les larmes en elles-mêmes ne sont donc pas un sujet de reproche ; notre divin Sauveur n'a pas craint d'en répandre : il a fait plus, il leur a attaché une béatitude toute spéciale : « Heureux, a-t-il dit, ceux qui pleurent ! » Le défaut seul de soumission et de résignation pourrait les rendre coupables, et ce que j'ai lu de vous, dans ce que vous avez écrit à votre respectable amie, me porte à vous rassurer entièrement sur toutes les craintes que vous pourriez avoir à ce sujet. Hélas! si, au milieu des sacrifices que Dieu exige de nous, notre cœur pouvait ne pas sentir vivement, où serait le sacrifice? et sur quoi pourrions-nous fonder nos mérites? Ne vous fatiguez pas à mesurer des yeux la longueur de l'espace qui vous reste à parcourir au sommet de la montagne : contentez-vous de savoir que, si le sentier où vous marchez est bien rude, il est sûr; qu'il ne peut vous conduire ailleurs qu'où vous avez le désir d'arriver, et qu'il suffit pour vous de le suivre chaque jour, sans chercher à prévoir d'avance quel sera le trajet du lendemain.... »

Le gouvernement de Fribourg prit ombrage de la présence de Mme de Montagu, et il enjoignit à Mme de Tessé de renvoyer « l'étrangère qu'elle recélait au mépris des défenses de l'autorité; » cette dernière résista d'abord, puis, devant l'attitude hostile du gouvernement, elle essaya de temporiser. Celle qui était l'objet de ces luttes les ignora longtemps, car on prenait grand soin de les lui cacher; enfin, M. de Mun, qui était aussi l'hôte de Lauwemberg, résolut d'informer la jeune femme de ce qui se passait et l'engagea de partir, sa tante ayant été menacée d'expulsion, elle et tous les siens.

La triste Pauline abandonna donc la maison hospitalière où elle avait été si bien accueillie, mais avec l'espérance d'y rentrer bientôt. Elle se rendit à Constance, dans la famille de la Salle; là, au milieu de personnes aimables et parfaitement pieuses, elle se trouva tout de suite à l'aise et dans l'atmosphère qui convenait à son âme. Le manque d'entente qui existait entre elle et sa tante, au point de vue religieux, la faisait beaucoup souffrir.

Ce fut à Constance qu'elle reçut de sa sœur, Mme de Grammont, un paquet de lettres assez volumineux. Pour dérouter les recherches et les perquisitions, Rosalie avait écrit sur des mouchoirs de batiste qu'elle avait ensuite cousu elle-même dans la veste du messager, entre la doublure et l'étoffe. Elle racontait sans art et avec une hâte fébrile, mais avec une foi admirable et une émotion débordante, les derniers moments de ses mortes bien-aimées, le courage sublime qu'elles avaient montré et les consolations suprêmes que Dieu, par le moyen du P. Carrichon, leur avait ménagées. Mme de Grammont, dont aucune épreuve ne pouvait abattre l'énergie surhumaine, terminait en disant :

« .... Ah! réunissez toutes vos forces, vous surtout, chère amie, seul objet parmi ceux qui nous ont été arrachés, qui nous ait été laissé dans cette vie avec quelque consolation, puisque, placée près de notre père, vous paraissez comme l'instrument choisi de Dieu pour contribuer sur la terre à l'accomplissement des desseins de sa miséricorde.... Mais il faut te quitter pour ne pas retarder cette occasion mille fois bénie de communiquer ensemble. Je me jette avec toi, et tout ce qui nous est cher en ce monde et dans l'autre, dans le sein de Dieu. Calmons là et pour toujours nos inquiétudes, notre esprit, notre cœur, et retrouvons-nous là pour faire chacune notre œuvre en ce monde. »

On juge dans quels sentiments de douleur et d'amour

Mme de Montagu prit connaissance de tels documents; toutefois une paix ineffable et quasi céleste pénétra dans son cœur et adoucit l'amertume des premiers déchirements. S'élevant au-dessus des faiblesses de la nature et éclairée des lueurs indéfectibles de la foi, elle se sentit remplie de reconnaissance pour les grâces dernières que Dieu avait envoyées aux saintes victimes.

Au bout d'un mois, vers la mi-octobre, la marquise rentra chez sa tante, le gouvernement fribourgeois s'étant laissé fléchir. A peine délivrée d'une inquiétude, Mme de Tessé était retombée dans une autre : un Suisse voulait la déposséder de son habitation de Lauwemberg et la réduire ainsi à la misère, sous prétexte qu'il était créancier de la maréchale de Noailles. Après bon nombre de démarches et de négociations, il ne resta à Mme de Tessé d'autre ressource que de vendre cette propriété et de porter ailleurs ses pénates.

Au commencement de l'année 1795, nous retrouvons Mme de Montagu occupée à faire des malles, des paquets, et sur le point de partir pour une destination encore inconnue. Un moment, elle avait espéré que le duc d'Ayen les suivrait; mais sans s'expliquer d'une façon positive, il dit qu'il restait provisoirement à Gardanne, près de la comtesse Golawskin, qu'il fréquentait beaucoup; Pauline éprouva un terrible serrement de cœur, car elle pressentit que bientôt sa mère serait remplacée. A cette occasion, elle écrivait dans son journal les paroles suivantes :

« S'humilier, se soumettre, adorer, persévérer, espérer toujours, crier au Seigneur qu'il se souvienne de nos grandes misères et de sa miséricorde, voilà ce que je désire pratiquer tous les jours de ma vie. »

Après plusieurs étapes de courte durée, Mme de Tessé fit un assez long séjour à Altona, pour s'y reposer d'abord, ensuite pour tâcher de découvrir une propriété qu'elle pût acheter. C'était chose malaisée; ce qu'on lui proposait était trop petit ou trop grand, mal situé ou d'un prix excessif, etc., etc. Le printemps et une partie de l'été s'écoulèrent sans qu'il y eût rien d'arrêté. Mme de Montagu laissait sa tante chercher le domaine de ses rêves; quant à elle, d'autres soins l'occupaient; elle visitait les émigrés qui étaient en grand nombre à Altona, secourant les pauvres, consolant les affligés, donnant à tous la douceur d'une parole sympathique et affectueuse. Elle voyait souvent Mgr de Bonal, évêque de Clermont, et, en plus d'une circonstance, elle eut recours à ses conseils. Mme de Tessé, quoiqu'elle n'aimât guère le clergé, estimait et honorait le pieux évêque dont la charité semblait inépuisable. Un jour qu'elle le visitait, elle fut si frappée de son dénuement qu'elle engagea vivement sa nièce à tricoter pour lui une couverture de laine.

Sur ces entrefaites, on apprit que Mme de Lafayette, qui était sortie de prison depuis quelque temps déjà, arrivait à Altona. Ce fut pour la marquise une terrible émotion; il y avait trois ans qu'elle était séparée de sa chère Adrienne, et depuis lors quels événements affreux s'étaient accomplis! A la pensée de ce revoir, elle éprouvait une agitation extrême qu'elle se sentait impuissante à maîtriser, et qui ne lui permettait de fixer son attention sur quoi que ce soit. Elle allait et venait d'une place à l'autre, revenant toujours dans la chambre où sa sœur bien-aimée devait bientôt dormir, pour ajouter quelque chose aux premiers préparatifs.

Le court séjour de Mme de Lafayette laissa dans le cœur de Pauline une trace lumineuse qui la charma bien des jours après que cette incomparable sœur l'eut quittée.

— J'ai, disait-elle, de quoi vivre longtemps sur les provisions qu'elle m'a laissées.

Le marquis de Montagu étant venu aussi passer quelques jours à Altona, Mme de Tessé l'engagea très aimablement à y demeurer :

— Puisque vous êtes réunis, dit-elle aux deux époux, ne vous séparez plus.

Ceux-ci, enchantés de cette proposition, n'eurent garde de la refuser. Dans le courant d'octobre, on quitta définitivement Altona pour hiverner dans la petite ville de Ploen, distante d'environ vingt-cinq lieues. Avant de partir, Pauline offrit sa couverture à Mgr de Bonal; il la reçut avec reconnaissance, avouant ingénument qu'il en avait besoin; il promit de s'en servir, mais cette promesse ne fut sans doute pas tenue, car le bon prélat ne savait rien garder.

Le personnel déjà si nombreux que Mme de Tessé emmenait à sa suite venait de s'augmenter d'un nouveau membre : un vieux prêtre déporté, l'abbé de Luchet, élevé à la dignité de chapelain. Chapelain d'une voltairienne telle que la comtesse! c'était plus qu'étrange.

— Mais, disait-elle en riant, ma nièce saura bien l'occuper.

A Ploen, comme dans ses autres résidences, Pauline ne restait pas oisive un seul instant; après avoir pris une part très active à l'aménagement de leur nouvelle demeure, elle travaillait pour les indigents. Le soir, toute la compagnie se réunissait; on faisait un wist, puis on lisait ou l'on causait. Mme de Montagu, retirée un peu à l'écart, continuait son tricot; cette partie de la journée n'en était pas moins une épreuve pour elle; les romans, et c'était le fond des lectures, lui faisaient grand'peur, mais la conversation lui en faisait encore davantage. Avec sa tante, il était difficile, en effet, que l'entretien ne roulât pas sur des questions philosophiques ou religieuses : on exaltait ce que la jeune femme avait appris à mépriser, et l'on raillait en l'attaquant ce qui était l'objet de son respect et de sa vénération. Parfois, par une question plus ou moins à propos, elle essayait d'opérer une diversion, mais ce moyen ne réussissait pas toujours; alors, comme aux premiers jours de son mariage, quand le monde la remplissait d'effroi, « elle se faisait une solitude dans son cœur. »

Chaque matin, elle assistait seule à la messe de l'abbé de Luchet, que servait le valet de chambre de M. de Mun. Le dimanche, deux respectables émigrés du voisinage venaient grossir l'assistance. La fête de Noël fut solennisée d'une façon toute particulière : quelques familles catholiques des environs sollicitèrent la faveur d'assister à la messe de minuit. En dépit de la saison rigoureuse, ces fervents chrétiens n'hésitèrent pas à venir de plusieurs lieues, à travers des chemins impraticables, pour adorer l'Enfant-Dieu. Le patriarche de la troupe, digne vieillard couronné de cheveux blancs, dit que ni lui, ni son père, ni même son aïeul n'avaient jamais entendu la messe dans cette sainte nuit; peut-être ne s'était-elle pas célébrée dans le pays depuis la réforme. La petite mansarde de l'abbé de Luchet se trouvant trop petite pour contenir tous les assistants, on laissa la porte ouverte malgré le froid, et plusieurs s'agenouillèrent sur les marches de l'escalier. Mme de Montagu, témoin de la dévotion naïve de ces bons paysans, se crut transportée à Bethléem, au milieu des bergers, et jamais messe de minuit ne lui fit goûter d'aussi suaves émotions.

Durant l'été qui suivit, l'abbé eut à présider une cérémonie d'un tout autre genre; près du lit de Mme de Montagu, il conféra le baptême au fils qu'elle venait de mettre au monde. Peu de semaines après cette naissance qui comblait de joie toute la famille, on quitta Ploen, afin de s'installer à Witmold, sur la rive septentrionale du lac. Le domaine était vaste et d'un excellent rapport. Le premier hiver parut un peu triste: le lac était gelé; la neige, comme un blanc linceul, couvrait toute la campagne, et un vent très âpre, venant de la Baltique, soufflait avec violence.

Moins que jamais Mme de Montagu n'avait un instant de liberté; car le petit Attale, qu'elle élevait elle-même, réclamait des soins continuels. En outre, elle veillait sur la laiterie, sur la tenue des étables, et ce n'était pas une sinécure, puisqu'il y avait cent vingt vaches; le lait qu'elles donnaient formait la principale richesse de la propriété. Ainsi que nous l'avons déjà dit, elle tricotait pour les pauvres, ou elle confectionnait des fantaisies à la mode qu'elle envoyait vendre à Hambourg; l'argent qu'elle en retirait servait à acheter du linge ou des vêtements à ceux qui en manquaient. Quand on lui parlait d'une misère quelconque, infirmités physiques ou souffrances morales, elle n'avait pas de repos qu'elle n'eût essayé de la soulager. A Widmold comme à Ploen, les soirées semblaient désespérément longues, d'autant mieux que la monotonie et l'ennui finissaient par se glisser, dans ce cercle composé toujours des mêmes personnes. Aussi écrivait-elle au duc de Doudeauville.

« On est ici bien isolé, et notre cercle est bien étroit. Loin des événements, loin des hommes, rien ne vient modifier notre état de la veille et renouveler un peu l'air. Il n'est pas bon pour tout le monde de se voir tous les jours et de trop près. A force de se concentrer et de vivre les uns sur les autres, on risque de devenir, à son insu, égoïste, critique, dominant ou subjugué.... On finit pas traiter les petites choses comme on devrait traiter seulement les grands intérêts. Un rien acquiert de l'importance. On s'use et l'on se lasse à rouler sans cesse sur un si petit axe. Nous ne faisons ici que tourner sur nous-mêmes comme les ours de Berne dans leur fosse.... »

La tendre compassion qu'elle étendait sur tous ceux qui souffraient ne suffisait pas encore à satisfaire Mme de Montagu; il y a de ces âmes saintement insatiables. Elle se préoccupait fort de la misère des émigrés; elle savait que bon nombre d'entre eux étaient partis sans rien emporter de France, et qu'ils se trouvaient dans une gêne extrême, quelques-uns même dans un dénuement complet. Afin de soulager des besoins si grands, si nombreux, il fallait autre chose que la charité individuelle, si large qu'elle se montrât; Mme de Montagu le comprit. Après avoir beaucoup réfléchi et surtout beaucoup prié, elle résolut d'organiser une souscription publique dans le Holstein et les pays environnants. Quand elle eut mûri ce projet, elle s'en ouvrit au comte Frédéric de Stolberg, président du consistoire luthérien, ministre du prince-évêque de Lubeck, et diplomate aussi distingué que littérateur célèbre. La Providence, en ménageant la rencontre de ces deux âmes si bien faites pour s'entendre, avait ses desseins que nous connaîtrons bientôt.

Le comte accueillit Mme de Montagu avec la plus aimable courtoisie; non seulement il lui remit une offrande, mais il devint son coopérateur zélé et l'aida puissamment à fonder la grande Œuvre des émigrés et à la propager. Sa naissance, sa haute position, son mérite personnel lui avaient créé de nombreuses relations et lui assuraient dans les pays du Nord une influence considérable qu'il sut mettre à profit. On envoya des mémoires, des circulaires en Suisse, en Allemagne, en Angleterre, dans les Pays-Bas, etc., et bientôt les dons affluèrent de toutes parts, soit en argent, soit en nature. Il fallut les répartir et en organiser la distribution; plusieurs grands personnages se chargèrent de cette mission, entre autres, les évêques de Reims, de Clermont, la princesse Galitzin, etc.

Pauline était absorbée par la correspondance et les comptes, les journées n'y suffisant pas, car elle n'avait pas renoncé à ses autres occupations, elle y consacrait une partie de ses nuits, sans souci de sa délicate santé. Elle ne s'alarmait que d'une chose : de la consolation trop sensible qu'elle goûtait dans l'exercice de la charité.

« Je ne trouve aucun prix à mes œuvres, écrivait-elle, car j'agis trop dans le sens de mes dispositions naturelles. »

Mme de Tessé ne restait pas non plus étrangère à ce grand mouvement; sans préjudice des dons particuliers, elle se chargea des frais de la correspondance, qui, chaque année, s'élevaient au moins à 500 livres.

Mme de Montagu voyait fréquemment le comte de Solberg; tous les quinze jours, quelquefois plus souvent, elle allait à Eutin, ou la comtesse Sophie venait la chercher à Witmold. Une profonde et étroite sympathie s'était vite établie entre ces cœurs brûlants de charité; on se quittait avec peine, on se retrouvait avec un charme toujours nouveau. Un après-midi que Pauline avait reçu de tristes nouvelles de Mme de Lafayette, malade à Olmütz, elle fut amenée à parler de cette chère sœur; elle dit la longue captivité qu'elle avait subie avec tant de fermeté d'âme durant la Terreur, l'héroïsme de son amour conjugal qui lui avait fait mendier comme une faveur l'autorisation de rester prisonnière dans la citadelle d'Olmütz. Elle raconta ensuite, et avec quelle émotion communicative! le supplice de sa mère, de sa sœur, la suprême absolution qu'elles avaient reçue du P. Carrichon; elle montra le mouchoir de batiste qui ne la quittait jamais et sur lequel Mme de Grammont avait écrit. Elle pleurait en retraçant ces scènes attendrissantes, et ses auditeurs mêlaient leurs larmes aux siennes.

— Oh! quelle religion est la vôtre! exclama le comte dans un saint enthousiasme; quelles âmes elle sait former! Quelle source de force et de consolation! Ah! s'il était permis de dire : je crois, alors qu'on n'a encore que la foi du cœur, je dirais à l'instant : Je suis de votre Église!

Sa femme et sa sœur s'écrièrent :

— Et nous aussi!

A dater de ce jour, ils ne formèrent pour ainsi dire qu'une seule famille et n'eurent rien de caché les uns pour les autres. Mme de Montagu ne s'érigeait point en docteur ni en théologien vis-à-vis de ceux qu'elle nommait « ses chers néophytes; » elle priait pour eux, avec eux; elle leur faisait part des joies indicibles, des consolations ineffables que Dieu prodigue aux âmes généreuses qui se donnent à Lui; elle confessait également ses défauts, ses imperfections qui n'étaient visibles qu'à ses propres yeux, ses faiblesses, ses langueurs. De ses paroles, de sa présence même, il sortait comme une vertu secrète qui témoignait en faveur de la vérité. Aussi le comte lui écrivait-il :

« Jouissez du bien que Dieu nous fait par vous. Ce n'est ni à la plume ni à la parole qu'est donné exclusivement le don de la persuasion. Il est répandu sur toute la personne des âmes privilégiées; c'est une atmosphère, un je ne sais quoi dont l'influence se fait sentir au fond du cœur. »

Lorsque Mme de Lafayette eut quitté Olmütz avec sa famille, elle séjourna quelque temps à Witmold, et c'est de tout cœur qu'elle s'associa à l'œuvre de zèle qui passionnait sa sœur. Mme de Tessé, à son insu, favorisait les pieux desseins de ses nièces, car, n'aimant guère le comte, elle ne le retenait pas au salon. Un jour, il s'était exprimé irrévérencieusement sur le compte de Voltaire, son idole; c'était assez pour qu'elle ne le goûtât plus. Il allait alors s'enfermer dans la chambre de Mme de Montagu, et là de sérieuses conférences avaient lieu. M. de Stolberg exposa dans un écrit les points qui, dans le catholicisme, étaient encore pour lui obscurs ou douteux; sur ce document, Mme de Lafayette rédigea une sorte de consultation qu'elle envoya à de savants évêques.

Peu de jours après le mariage de Mlle de Lafayette dont il a été question dans l'étude précédente, Mlle Stéphanie de Montagu vint au monde. Dans cette circonstance, Mme de Tessé voulut aussi donner une preuve de zèle et montrer qu'elle était bonne catholique à l'occasion : elle ondoya l'enfant aussitôt après sa naissance. Par malheur, dans son empressement, la bonne tante se servit d'un flacon d'eau de Cologne qu'elle répandit généreusement tout entier sur la tête du nouveau-né, n'ayant eu garde d'oublier, disait-elle, de faire un grand signe de croix.

L'année suivante 1799, eut lieu, à Vianen, petite ville hollandaise non loin d'Utrecht, une réunion de famille, pour débrouiller un peu la successsion de la duchesse d'Ayen. Nous avons vu, dans l'étude sur Mme de Lafayette, avec quelle joie les trois sœurs se retrouvèrent ensemble, elles qui n'osaient plus espérer se revoir ici-bas.

« Je suis entrée de bonne heure dans la chambre de Rosalie (Mme de Grammont), écrivait Mme de Montagu; nous avons chanté ensemble les louanges de Dieu.... Quel trésor qu'un tel guide! Que de larmes d'émotion j'ai répandues là à ses côtés.... A l'église (c'était le jour de Pâques), nous étions l'une près de l'autre, moi peu recueillie, car de la retrouver et de pouvoir communiquer avec elle, cela mettait mon esprit et mon cœur dans une effervescence où des sentiments tout humains jouaient un grand rôle.... »

Au mois de février 1800, Pauline fit ses adieux aux amis qu'elle laissait dans le Holstein; il lui en coûtait surtout d'abandonner « ses chers néophytes » avant qu'ils n'eussent prononcé leur abjuration.

« J'espère, écrit-elle à ce sujet, que Dieu reçut comme une prière agréable l'holocauste de mes sentiments bien purifiés de tout ce qui pouvait s'y rencontrer d'humain. »

Ne pouvant rentrer en France sous leur vrai nom, le marquis de Montagu et sa femme voyagèrent sous le nom de M. et Mme Mongros, négociants. A Paris, ils habitèrent provisoirement, près de Mme de Duras et Doudeauville, une chambrette dont le seul luxe était la propreté. Telle était la pénurie du mobilier, que s'il survenait deux visites à la fois à l'un des ménages, il fallait emprunter une chaise chez l'autre.

Un des premiers soins de Pauline fut de s'enquérir où avaient été déposés les restes des êtres chéris qu'elle pleurait toujours. Après bien des recherches infructueuses, elle apprit par une pauvre ouvrière que le corps des victimes avait été jeté dans un terrain vague, non loin de Picpus. Une souscription s'organisa, le terrain fut acheté dès l'année 1802; une chapelle, plus tard une église et des communautés religieuses s'élevèrent sur ce terrain consacré.

Au mois de mai 1800, Mme de Montagu reçut du comte de Stolberg les lignes suivantes :

« Mon âme se réjouit devant le Dieu vivant, car l'oiseau a trouvé sa demeure et l'hirondelle son nid pour y faire sa couvée, c'est-à-dire tes autels, Seigneur Dieu des armées, mon Roi et mon Dieu!... Inondé d'un torrent de sainte joie, mon âme devrait être un temple où la louange du Dieu d'Abraham, d'Isaac et de Jacob se fit entendre sans cesse, car il m'a fait miséricorde à moi et à Sophie, et il la fera à mes enfants. Il a regardé avec une complaisante indulgence le désir de connaître la vérité, désir que lui-même avait fait naître.... Jouissez de l'œuvre de Dieu à laquelle vous avez efficacement et saintement travaillé par vos prières ferventes, par vos larmes, par votre exemple, et que vos sœurs, cette sainte Rosalie et l'ardente Adrienne qui, comme vous, ont contribué à l'ouvrage de Dieu, en jouissent avec vous!... »

M. le duc de Noailles, lui aussi, était rentré en France; il se réjouit d'embrasser sa petite fille Stéphanie de Montagu, qu'il ne connaissait pas. Désespérant de rentrer en possession de son hôtel, il reprit le chemin de la Suisse, où il acheta, sur les bords du lac de Genève, la maison des Utins.

Nous ne suivrons pas maintenant Mme de Montagu dans tous les détails de sa vie privée; nous nous bornerons à dire que sa famille s'augmenta de deux filles : Anne et Marie, et que, durant plusieurs années, soit à Paris, soit dans sa résidence de Fontenay-en-Brie, elle donna l'exemple de toutes les vertus, et en particulier d'une admirable charité qui ne se démentit jamais. La mort de Mme de Lafayette, survenue en 1807, lui causa un si violent chagrin qu'elle tomba malade assez gravement pour inquiéter son entourage. Elle se rétablit, mais d'une façon très imparfaite, et à partir de ce moment, sa santé lui fut une croix perpétuelle; ses souffrances, si vives fussent-elles, ne lui arrachaient aucune plainte, aucun murmure; elle les nommait « la monnaie de la prière. »

A chaque instant, la mort faisait des trouées dans sa famille ou dans ses amis, et il n'était pas une année où elle n'eût à déplorer la perte de quelqu'un des siens. Au mois de janvier 1814, son oncle de Tessé mourut à la suite d'une attaque de paralysie. Ce trépas, auquel rien ne l'avait préparée, bouleversa Mme de Tessé, et seulement alors elle s'aperçut de la place que le comte tenait dans son existence. Rien ne pouvait l'arracher à ses tristes pensées.

— Ah! ma nièce, disait-elle à Pauline, une habitude de cinquante-huit ans n'est pas de celles qu'on puisse perdre.

La semaine n'était pas écoulée que la triste veuve mourait subitement, et c'est à peine si le prêtre, appelé en toute hâte, eut le temps de lui donner l'absolution. En 1818, M. de Beaune succomba par suite de son grand âge; sa bru était allée le voir plusieurs fois dans sa résidence d'Ainay.

Quant au duc de Noailles, il vivait toujours en Suisse et tous les ans, la marquise de Montagu accomplissait son pèlerinage filial aux Utins. Elle y était reçue avec une vive tendresse par le vieillard qui lui dit un jour :

— De toutes mes facultés, il ne m'en restera bientôt qu'une : celle de vous aimer et de vous admirer.

Elle rencontra aux Utins une charmante Suissesse, Mlle Gretly de Roverea avec qui elle se lia d'une étroite amitié. Pour cette jeune protestante, elle fut ce qu'elle avait été jadis pour la famille de Stolberg, un ange de lumière, et elle lui prépara les voies qui plus tard la conduisirent à la vraie foi.

En 1824, le duc de Noailles, étant devenu veuf une seconde fois, vint habiter chez sa chère Montagu ; elle le logea dans son propre appartement, réservant pour elle une chambrette à côté, qu'elle appelait sa guérite filiale. A mesure que les facultés du vieillard baissaient, elle redoublait de soins et de sollicitude à son égard.

A peu d'années d'intervalle, Mme de Montagu perdit son neveu Alfred de Noailles, et sa nièce de Grammont, Mme de Mérode, jeune femme accomplie. Ces morts prématurées lui causèrent une douleur indicible que sa grande piété seule put adoucir. Dieu cependant lui réservait d'autres épreuves, et elle n'avait pas épuisé le plus amer de son calice.

Au mois de juin 1824, son fils Attale, qui était marié depuis plusieurs années et déjà père de trois fillettes charmantes, fut victime d'un terrible accident. Il était à Saint-Germain, chez son beau-père, et presque tous les jours, dans le grand parc de la propriété, il se livrait à la chasse, son délassement favori. Un matin, son fusil heurta contre une branche ; le coup partit aussitôt, et la charge l'atteignit sous le bras. Il rentra au château, où les meilleurs soins lui furent prodigués. On crut d'abord à une blessure presque insignifiante ; mais le neuvième jour, à la suite d'un orage, le tétanos se déclara, et tout espoir fut perdu. Le blessé ne se fit point illusion et il se disposa courageusement à mourir ; il reçut les derniers secours de la religion, bénit sa femme et ses enfants, donna une dernière pensée à sa mère qu'il chérissait, puis il expira, n'ayant que vingt-huit ans.

Comment apprendre ce funeste événement à Mme de Montagu ? Elle était alors convalescente d'une grave maladie qui l'avait mise aux portes du tombeau et ne quittait pas ses appartements. M. l'abbé Desgenettes, curé des Missions, vint le dimanche de la Trinité pour lui apporter la communion ; avant de déposer la sainte hostie sur les lèvres de la marquise,

M. L'ABBÉ DESGENETTES

il l'engagea fortement à méditer sur les douleurs de la Sainte Vierge voyant mourir son divin Fils. A l'accent ému du prêtre, à son trouble, elle comprit.... Nous n'essaierons pas de décrire son affliction ni les sentiments de son cœur brisé, mais soumis. A son chevet se tenaient deux amies incomparables qui priaient et pleuraient avec elle : sa chère sœur, Rosalie de Grammont, et Mme de Vibraye, Alexandrine de la Luzerne qui, trente-deux ans auparavant, l'avait consolée à la mort de sa petite Noémi.

L'ardente piété de Mme de Montagu l'aida à porter sa lourde croix, et elle puisa dans son amour pour Dieu et dans son inviolable attachement au devoir, la force de vivre et de vaquer à ses œuvres de zèle habituelles. Quelque temps après ce triste événement, elle écrivait à Mlle de Roverea :

« Ne nous laissons point abattre, tenons nous prêtes à tout et douces sous la main de Dieu. Dans mes appréhensions, je répète tous les matins, depuis la mort de mon fils qui est devenue l'heure de mon réveil : Tout est à Vous, Seigneur, tout vient de Vous; il est donc juste que tout vous soit rapporté et vous soit sacrifié! Je remonte alors mes forces, je répands mon cœur devant Dieu en lui exposant mes douleurs, et je repars comme un trait pour mener la vie la plus animée, et m'occupant beaucoup plus des autres que de moi.... »

A l'automne suivant, elle maria sa fille à la campagne, sans bruit et sans éclat. Le duc de Noailles, alors âgé de quatre-vingt-huit ans, put encore assister à la cérémonie. Dès qu'elle fut terminée, il prit le lit, qu'il ne quitta plus. Après avoir langui cinq jours, il s'éteignit doucement, entouré de ses enfants et petits-enfants. Mme de Montagu eut l'extrême consolation de le voir revenir à Dieu.

Dans le courant de l'année 1827, une douce joie lui fut réservée : Mme de Stolberg, qui était veuve depuis sept ans, vint exprès du fond de l'Allemagne pour voir une fois encore ici-bas l'amie qui lui était si chère. Ainsi que toutes les joies de la terre, cette entrevue si désirée eut peut-être plus de larmes que de sourires; tant d'êtres aimés manquaient à la réunion! Au bout d'un mois, les deux amies se quittèrent, se donnant cette fois rendez-vous au ciel.

La Révolution de 1830, qui ravissait le trône à une dynastie qu'elle chérissait, laissa cependant Mme de Montagu assez indifférente; elle habitait des régions supérieures où les vicissitudes politiques, quelles qu'elles soient, paraissent bien peu de chose. Quatre ans plus tard, M. de Montagu succomba à la suite d'une courte maladie; sa femme le pleura, mais sans beaucoup d'amertume; elle sentait que ce compagnon ne lui manquerait qu'un peu de temps, et qu'il l'attendait là où il n'y a plus ni deuils ni séparations.

Au mois de janvier 1839, Mme de Montagu, qui, depuis plusieurs mois était très languissante, tomba malade sérieusement; ses filles accoururent aussitôt. Le 29 janvier, fête de saint François de Sales, un de ses saints de prédilection, elle entendit avec une piété angélique la messe qu'on célébrait dans sa chambre; elle reçut la sainte communion, mais son action de grâces s'acheva dans les cieux. La mort qu'elle voyait venir ne l'avait ni surprise ni effrayée; elle l'attendit et l'accueillit comme une libératrice, comme l'unique moyen de s'unir à Dieu, le suprême amour de son cœur, et de rejoindre les êtres chéris qui l'avaient précédée dans la Patrie.

LA MÈRE DE LAMARTINE

Si élevé qu'ait été le génie poétique de l'auteur des Méditations, nous tenons pour certain que ce poète n'eût jamais possédé à un aussi haut degré la religieuse mélancolie, le charme pénétrant, la grâce harmonieuse qui distingue les chants de sa lyre, s'il n'eût eu près de lui sa mère qu'il aimait d'une ardente affection et qui, de loin comme de près, exerça toujours sur sa vie une influence très prononcée.

Mme de Lamartine était plus qu'une intelligence, c'était un cœur, vrai cœur de femme par le dévouement et la tendresse, mais inaccessible aux passions mesquines et jalouses qui sont, trop souvent, le partage de son sexe.

Alix des Roys naquit à Saint-Cloud, en 1767. Son père était intendant général des finances du duc d'Orléans, sa mère sous-gouvernante des enfants de ce prince. Elle essaya ses premiers pas sous les magnifiques ombrages du parc de Saint-Cloud, et toujours elle conserva pour ce beau lieu, témoin des jeux de son enfance, un souvenir attendri. De bonne heure, elle fut admise à fréquenter non seulement ce que la France, mais l'Europe comptait de plus illustre : Buffon, Grimm, Necker, Jean-Jeacques Rousseau qui était alors une autorité, vivaient dans l'intimité de Mme des Roys ; aussi, dans ce milieu savant et distingué, l'intelligence de la jeune Alix se développa-t-elle promptement ; elle y puisa ce goût des choses de l'esprit qu'elle devait garder toute sa vie et que son fils Alphonse suça, pour ainsi dire, avec son lait.

Le duc d'Orléans avait le droit d'élire un certain nombre de dames au chapitre de Salles; Mlle des Roys y fut nommée à l'âge de seize ans. D'après un pastel qui fut fait vers cette époque, M. de Lamartine nous retrace, ainsi qu'il suit, le portrait de sa mère :

« On voit une jeune personne grande, élancée, d'une taille flexible, avec de beaux bras blancs sortant, à la hauteur du coude, des manches étroites d'une robe noire. Sur la poitrine est attachée la petite croix d'or du chapitre. Par-dessus ses cheveux noirs, tombe et flotte, des deux côtés de la tête, un voile de dentelles moins noires que ses cheveux. Sa figure, toute jeune et toute naïve, brille seule au milieu de ces couleurs sombres. »

L'âme aimante et douce d'Alix lui avait révélé de bonne heure les joies exquises de la piété ; alors que, dans la chapelle du chapitre, les dames chantaient en chœur les hymnes du bréviaire, elle sentit un vague désir de prononcer ses vœux, de rester dans cette paisible solitude, cachée à tous les yeux et ne vivant que pour Dieu. Elle n'était pas appelée à cette vie de recueillement, elle en acquit bientôt la preuve. Elle eut occasion de rencontrer chez une chanoinesse plus âgée, Mme de Villars-Lamartine, qui était comme sa tutrice, le frère de cette dernière, alors capitaine de cavalerie ; les deux jeunes gens éprouvèrent à première vue une sympathie instinctive qui se changea promptement en un sentiment plus vif et plus tendre. Mme de Villars, dans sa bonté compatissante, laissa cet amour si pur s'épanouir en toute liberté devant ses yeux. Elle-même ou quelque autre dame surveillait, un peu de loin, les promenades des deux fiancés, car ils se considéraient comme tels ; ensemble, ils ébauchaient de riants projets d'avenir ou ils cherchaient les moyens de fléchir les parents du jeune officier, qui s'opposaient à leurs projets d'union. Enfin, après trois ans de prières et de larmes, de craintes et d'espérances, ils obtinrent ce consentement tant désiré.

Le mariage eut lieu le 6 mars 1790 ; déjà la France s'agitait de toutes parts, et l'on sentait dans l'air les signes précurseurs de l'effroyable tempête qui devait bouleverser notre patrie. Les nouveaux époux, tout entiers à leur mutuelle affection, remarquaient à peine ce qui se passait autour d'eux; toute-

BUFFON

fois, leur quiétude ne fut pas de longue durée et les événements se chargèrent de la dissiper.

Sollicité par ses parents et par ses amis d'abandonner la France, comme le faisaient alors beaucoup de membres de la noblesse, le chevalier refusa ; mais il n'en demeura pas moins attaché de cœur et d'âme à la royauté et aux principes monarchiques. Quand il vit que la liberté et les jours de Louis XVI étaient menacés, il fut un des premiers à se joindre à la garde constitutionnelle et à combattre auprès de son souverain. Mme de Lamartine, qui était sur le point de devenir mère, n'essaya point d'arrêter son époux : elle savait que le devoir et l'honneur passent avant les affections, si tendres, si légitimes soient-elles. Tous deux accomplirent courageusement le douloureux sacrifice de la séparation, et cependant, dans ces sombres jours, nul n'était sûr de voir luire le soleil du lendemain.

M. de Lamartine se battit comme un lion, et un coup de feu l'atteignit dans le jardin des Tuileries. A la suite de cette blessure, il fut fait prisonnier et conduit à Vaugirard ; là, il eut l'heureuse chance d'être reconnu et réclamé par un officier municipal, jadis aide-jardinier de la famille Lamartine. Grâce à cette intervention vraiment providentielle, il put rejoindre sa femme ; retiré au fond d'une campagne isolée, il vécut quelque temps près d'elle, sans que rien vînt troubler leur tranquillité.

Ce calme ne pouvait être que momentané. Une nuit, le père du chevalier, malgré ses quatre-vingt quatre ans, sa mère, presque aussi âgée et infirme, ses trois sœurs, chassées peu auparavant du couvent où elles avaient espéré finir leurs jours, furent arrachés de leur demeure et, au milieu des vociférations d'une populace affolée, conduits à Autun où une vaste prison servait d'asile à tous les suspects de la province. Par une exception dont le motif resta toujours inconnu, le chevalier fut séparé des siens et jeté dans les cachots de Mâcon.

Mme de Lamartine, qui nourrissait alors Alphonse son premier né, resta sous la surveillance de quelques soldats de l'armée révolutionnaire. Quand le grand hôtel fut mis sous le séquestre, elle se retira, suivie d'une femme ou deux, dans un petit corps de bâtiment situé par derrière et qu'habitaient ordinairement d'anciens domestiques. En face cette maison, de l'autre côté de la rue qui était fort étroite et bordée de hautes murailles, existait un ancien couvent d'Ursulines que l'on venait d'approprier afin de servir de prison supplémentaire. Ce fut là qu'on transféra le chevalier, car toutes les prisons de Mâcon regorgeaient de détenus; dans un des geôliers, il reconnut un ancien cuirassier qui, jadis, avait servi sous ses ordres; il lui demanda comme unique faveur d'être logé seul dans un coin de grenier qu'il lui indiqua. Cette mince distinction lui fut accordée sans aucune difficulté, et il prit possession de son réduit avec une joie indicible.

Dès que ses repas, qu'il prenait avec les autres prisonniers, étaient terminés, il montait et s'installait près d'une haute lucarne, épiant avec une attention que rien ne pouvait distraire, ce qui se passait en face de lui. De son côté, Mme de Lamartine éprouvait une sorte de bonheur douloureux à contempler les murs qui lui cachaient l'époux qu'elle adorait; chaque jour, elle se plaçait en observation un peu en arrière, car elle craignait les regards curieux et indiscrets. Insensiblement, elle s'enhardit, et il vint un moment où les yeux des deux époux se rencontrèrent; à partir de ce jour, ils ne se crurent plus aussi malheureux, et l'espérance rentra dans leurs cœurs. Mme de Lamartine passait de longues heures à la même place, échangeant avec le chevalier des signes d'intelligence et lui montrant son enfant qu'elle couvrait de baisers passionnés. Elle imagina d'écrire en gros caractères, d'une façon très concise, ce qu'il était important que le prisonnier connût. Ce muet langage, qui d'abord leur avait été si doux, leur parut bientôt insuffisant, et ils s'efforcèrent de trouver un autre moyen de communication.

M. de Lamartine avait jadis fait partie des chevaliers de l'Arquebuse; son arc et ses flèches étaient encore chez lui. Mme de Lamartine eut l'idée d'en tirer parti. Elle s'exerça durant plusieurs jours, puis, quand elle se trouva suffisamment forte, elle profita des ombres du soir, et lança une flèche à laquelle était attaché un billet; elle put ainsi faire passer au chevalier des plumes, du papier et même de l'encre. Dès lors, une correspondance active s'établit entre eux, et dans les épanchements de leur mutuelle tendresse, ils oublièrent un peu la triste situation où ils se trouvaient. Mais le cœur est insatiable; quand il a obtenu ce qu'il désire, il n'est pas encore satisfait; en fait d'affection et de bonheur, jamais il ne dit : assez.... Quelques pieds seulement séparaient le captif de sa femme et de son enfant; comment n'eût-il pas souhaité les franchir? D'ailleurs, il était énergique, vigoureux et à un âge où les dangers, les obstacles ne sont qu'un stimulant et non une entrave; il n'hésita donc pas. A l'aide d'une corde à nœuds, il se laissait glisser, au risque de se rompre les os, le long des hautes murailles, et durant quelques heures, toujours trop vite passées, il goûtait près des chers objets de son amour une joie que nul ne soupçonnait.

Dix-huit longs mois s'écoulèrent de la sorte. Pendant ce laps de temps, Mme de Lamartine, cédant aux conseils de ses amis, aux invitations impérieuses de sa famille, avait été solliciter des proconsuls qui, à cette époque, exerçaient dans les grandes villes une dictature presque absolue, l'élargissement de tous les siens. Ces démarches répugnaient autant à ses opinions de royaliste qu'à sa modestie, et si elle n'eût pas entrevu dans un avenir plus ou moins rapproché, l'échafaud pour ceux qu'elle aimait, jamais elle ne se fût abaissée à ce rôle de solliciteuse qui révoltait toutes les fibres de sa nature fière et délicate. Elle essuya des refus, des menaces même, et plus d'une fois, une tristesse indicible, un amer découragement la saisit.

Cependant quelques députés lui témoignèrent des égards; à Dijon, le représentant Javogues la reçut avec bonté et respect. Elle avait amené le petit Alphonse, comme pour s'en faire un appui et une sauvegarde. Javogues loua la beauté de l'enfant et le prit sur ses genoux. La jeune mère ne sut pas retenir un geste d'effroi.

— Ne crains rien, citoyenne, dit-il, les républicains, eux aussi, ont des fils.

Il lui adressa ensuite quelques paroles encourageantes, lui faisant espérer une prochaine délivrance.

Mme de Lamartine pensa toujours que c'était à l'influence de ce député que son mari dut d'être oublié dans sa prison, car dans ces jours néfastes, un ordre de jugement, c'était la mort.

Enfin le 9 thermidor ouvrit les prisons; la jeune femme

alla elle-même à Autun chercher ses parents, et elle eut la joie de les réinstaller dans leur demeure. M. et Mme de Lamartine ne vécurent que peu de mois après ce retour, mais ils eurent l'extrême consolation de mourir sous leur toit et entourés de tous ceux qu'ils aimaient.

Les lois récentes, qui venaient à peine d'être mises en vigueur, supprimaient le droit d'aînesse et annulaient les vœux de pauvreté prononcés par les religieuses; en conséquence, on procéda dans la famille Lamartine à un nouveau partage des biens qui étaient assez considérables. Le chevalier eût pu, selon la stricte justice, revendiquer sa part d'héritage paternel; il ne le fit pas, mû par des scrupules exagérés peut-être, mais voulant respecter par delà le tombeau les intentions de son père. Il s'en tint donc à la modeste légitime portée dans son contrat, qui consistait dans la terre de Milly, laquelle, dans les meilleures années, rapportait à peine trois mille livres.

Il ne se croyait pas non plus relevé du serment de fidélité prêté à son roi, et cette noble résolution brisait sa carrière et le réduisait à l'inaction. Suivi de sa femme et de son fils, il s'établit à Milly, s'efforçant, à l'aide d'une sage administration, de vivre honorablement et de réaliser, en vue de la famille qui pouvait s'augmenter, quelques économies.

La propriété de Milly avait été longtemps inhabitée, de sorte qu'elle présentait un aspect délabré peu fait pour charmer des yeux habitués aux splendeurs du Palais-Royal et de Saint-Cloud; néanmoins, Mme de Lamartine ne témoigna nul déplaisir de cette installation incommode, et jamais son mari ne l'entendit proférer ni une plainte, ni un murmure. D'ailleurs cet intérieur paisible, cette joie intime de vivre l'un pour l'autre, après les orages qu'ils venaient de traverser, semblait douce aux deux époux, et plus tard, ils avouaient à leurs enfants qu'en dépit de la modicité de leurs ressources et des embarras domestiques, ces années de séjour à Milly étaient peut-être les plus heureuses de leur union.

Dès son enfance, Mme de Lamartine avait appris à consigner chaque jour ses impressions et les choses qui l'avaient le plus frappée; son mariage, puis la période si tourmentée qui suivit l'empêchèrent de continuer ce journal. Elle le recommença le 11 juin 1801, et, dès les premières lignes, elle nous fait connaître le but qu'elle se propose en reprenant cette habitude de sa jeunesse.

« J'avais commencé, dans ma première jeunesse, à écrire un journal exact de tout ce qui se passait en moi et autour de moi, de toutes les réflexions que les divers événements de la vie me suggéraient. Je l'ai brûlé et j'ai perdu cette habitude depuis longtemps; je m'en repens et je m'en afflige, parce que je crois que cela peut être utile. Mon intention est de recommencer, avec la grâce de Dieu, à écrire simplement, autant que je le pourrai tous les jours, les différentes choses qui me surviendront, ce que j'aurai fait de mal ou de bien. Je pense que cela m'aidera dans l'examen que j'ai à faire de ma conscience, et me fera mieux connaître les dispositions habituelles de mon âme.... On est venu me dire après le dîner qu'un pauvre vieillard abondonné dont je prenais soin, retiré dans une hutte de la montagne où il n'avait pour compagnie que sa chèvre, venait de mourir. Cela m'a fait beaucoup de peine, parce que je me suis reproché d'avoir négligé d'aller le visiter si loin dans ses derniers jours.... En tout je ne mets pas assez de suite dans le peu de bien que je fais; je me lasse trop vite et, trop souvent, je me laisse facilement entraîner à des distractions ou à des lassitudes qui ne sont pas des fautes, mais qui sont des faiblesses et qui nuisent à un saint emploi du temps. Pourquoi ce temps nous a-t-il été donné? N'est-ce pas pour qu'il rapporte tous les jours, toutes les heures, quelque chose à Dieu, aux autres et à nous? »

Ce n'est pas la dernière fois que nous trouverons, sous la plume de cette femme supérieure, des accents si chrétiens, si pleins de foi; la piété chez elle n'était point une routine ni une parure, mais l'âme de sa vie, le principe de ses actions, la source toujours jaillissante où elle allait puiser la force, la résignation, la patience dont elle avait besoin.

Cinq jours plus tard, elle raconte sa première visite à Saint-Point, que son fils devait immortaliser, et elle nous dévoile les sentiments d'humilité et de reconnaissance qui débordaient de son cœur.

« J'étais si fatiguée hier d'une course à Saint-Point, moitié à pied, moitié sur des ânes, car les chemins sont impraticables autrement, que je n'ai pas eu le courage d'écrire notre voyage. Il a été bien agréable, nous nous sommes beaucoup promenés. J'ai mené le soir mes filles à l'église (elle en avait alors quatre), où j'ai prié Dieu de nous bénir. Je l'ai bien remercié de nous avoir donné cette possession sur laquelle mon mari ne comptait pas.... Tout me sourit : pays, parents, amis, voisins, paysans toujours à ma porte comme si j'étais la Providence. Je suis très heureuse, quelquefois cela m'effraie, ce qui est si doux ne dure pas en ce bas monde. Il faut me fortifier dans le bonheur en ne m'y attachant pas, si ce n'est par la reconnaissance envers le Dispensateur divin, pour les jours de sécheresse et d'aridité. »

Citons encore ce passage écrit peu après, où elle nous apprend ce qu'il faut penser de ces lectures légères qui ne sont qu'un pur amusement et qu'on se permet avec tant de facilité.

« J'ai réfléchi aujourd'hui sur un sacrifice qui ne pourrait qu'être agréable à Dieu, car c'est un des plaisirs dangereux du monde. D'ailleurs, quand je suis distraite par une de ces lectures entraînantes, celles qui sont sérieuses et utiles me fatiguent et m'ennuient, et cependant j'aurais bien besoin d'en faire de sérieuses pour devenir capable d'instruire mes enfants. Je me suis enfin décidée à me priver pour eux de ce plaisir des lectures futiles. »

Nous avons vu déjà que Mme de Lamartine était bonne, compatissante et qu'elle savait exercer, non seulement la charité de la bourse qui est peu de chose, mais la charité du cœur qui est tout. Les lignes ci-après, datées du jour de son installation à Saint-Point, nous en fournissent une nouvelle preuve.

« J'ai été faire une visite à une vieille demoiselle de quatre-vingts ans, à qui on a laissé une petite pension et une chambre à habiter pour sa vie, dans le haut du château. Elle n'y a pour toute compagne qu'une poule, qui lui est aussi attachée que l'oiseau le plus privé.... J'ai obtenu de mon mari que nous ne la délogerions pas, malgré l'incommodité que cela peut nous causer. Une chambre à cet âge, c'est un monde.... »

Dans le courant de cet été 1801, elle raconte une longue promenade qu'elle a faite dans les montages, avec son mari et ses enfants; elle termine par un épisode charmant dont elle se plaît à retracer tous les détails. Nos lecteurs nous sauront gré de ne pas l'omettre.

« ... Le sabot des ânes sur le rocher, les cris des enfants, les sifflements des merles qui s'envolaient, les coups de fusil de mon mari et du garde qui tiraient sur des volées de perdrix rouges, la conversation du marguillier et des petits garçons faisaient un grand bruit devant notre caravane; on aurait pu croire que c'était une bande de maraudeurs qui parcourait la montagne. Il y avait de quoi épouvanter les petits bergers qui gardent leurs chèvres et leurs moutons sur les lisières de noisetiers que nous traversions. C'est ce qui arriva. Nous aperçûmes bientôt dans une clairière de petits troupeaux de brebis et quelques chèvres sans berger, sous la garde de deux chiens noirs qui aboyaient avec effroi contre nous. Un peu plus loin, nous vîmes les cendres d'un petit feu entre deux grosses pierres, au milieu du sentier. Le feu était éteint, mais il y avait à côté deux paires de petits sabots de bois, comme en portent les enfants du pays. Nous supposâmes, ce qui était vrai, qu'effrayés par le bruit inusité des voix et des coups de fusil sous les noisetiers, les enfants s'étaient enfuis et cachés dans les bruyères, sans avoir pris le temps de chausser leurs petits pieds nus. L'idée me vint de leur faire une surprise qui parut charmante à mes petites filles. Nous fîmes halte auprès des cendres du petit foyer éteint; mon mari plaça une pièce d'argent de douze sols dans chacun des quatre petits sabots ; mes filles y ajoutèrent une poignée de dragées qu'elles avaient emportées pour leur goûter. Puis nous repartîmes en nous entretenant de la surprise et de la joie des petits bergers fugitifs ; ils croiraient sans doute que les fées qui passent dans le pays pour hanter cette partie de la montagne, leur avaient fait ce don en passant. La descente par les ravins creux et sonores retentissait des éclats de rire de nos enfants, en pensant à la peur des petits bergers, à leur étonnement, puis à leur ravissement et à tout ce qu'ils raconteraient le soir à leur mère. Ce que nous avions prévu arriva.

» Les petits bergers, en retrouvant leurs sabots pleins de sucreries et de pièces de douze sols, s'y trompèrent et crurent à l'intervention des fées. Mais leur père et leur mère ne s'y trompèrent pas, et, avec une délicatesse de procédés qu'on trouve souvent dans les gens de la campagne, ils nous rendirent surprise pour surprise, afin de nous montrer qu'ils étaient sensibles à notre bonté. Le domestique, en ouvrant le lendemain la porte de la maison qui donne sur une cour sans clôture, trouva sur le seuil, en dehors, quatre petits paniers de jonc remplis de noisettes, de fromage de chèvre et de petits pains de beurre façonnés en forme de sabots. Les enfants qui avaient déposé là leurs présents, s'étaient sauvés en nous rendant énigme pour énigme, mystère pour mystère, offrande pour offrande. La délicatesse anonyme de ce petit présent nous a enchantés.... »

Quelques mois plus tard, à la suite d'orages qui ont détruit une partie des vignes, leur principal revenu, Mme de Lamartine écrit les lignes suivantes, qui nous montrent comment elle savait accepter les afflictions, les traverses de la vie, et quels étaient ses sentiments intimes en présence d'une calamité qui ruinait les espérances de l'année.

« La volonté de Dieu soit faite! C'était la dernière phrase par laquelle je terminais ce journal à sa dernière date; c'est la première par laquelle je rouvre cette page aujourd'hui. Nous avons été hier horriblement maltraités par un grand orage; la grêle a achevé de détruire toute notre récolte. Nous devions faire une année superbe; à peine nous restera-t-il de quoi subsister et faire exister nos pauvres familles de cultivateurs! J'en suis malade de saisissement et d'inquiétude. Ce malheur nous oblige à bien des retranchements et des privations.... Mais Dieu le veut: cette pensée doit me suffire pour me consoler de tout. Moins j'aurai d'agrément dans ce monde, moins je m'y attacherai, et plus je songerai au seul monde important et impérissable : le monde éternel. Rien n'endurcit et rien n'illusionne autant que la prospérité, et ce qui paraît dur à la nature est peut-être une très grande grâce de Dieu, qui veut nous attacher aux vrais biens en nous privant de ceux qui ne sont que poussière. Je suis plus capable aujourd'hui de goûter ces réflexions; hier le coup était trop fort. Mon mari a eu un bien grand courage, plus grand que le mien, bien qu'il souffrît davantage dans le moment. Il m'a dit :

» — Pourvu que ni toi ni tes enfants ne me soyez enlevés, j'accepte tout; mes biens sont dans vos cœurs.

» Puis il a prié avec moi au bruit des grêlons qui cassaient les branches et les vitres, et des sanglots des paysans qui se désespéraient dans la cour. »

Ce peu de mots consacrés à M. de Lamartine suffit à nous prouver qu'il était digne d'avoir une telle compagne et que bienheureuses sont les unions où les sentiments religieux des époux sont à l'unisson.

Le dernier paragraphe consacré à cette journée se termine ainsi :

« C'est aujourd'hui l'anniversaire de ma première communion. Il y a déjà vingt-quatre ans! Comme la vie fuit. Pourquoi donc ne m'occupé-je jamais assez de ce qui doit la suivre? Ce n'est que songe; mon Dieu, donnez-moi un beau réveil et rendez le songe aussi pénible que vous voudrez! »

N'est-il pas touchant de voir cette femme, occupée du gouvernement d'une maison, du soin d'une famille nombreuse, se ressouvenir avec attendrissement du jour béni de sa première communion!

Le 18 août 1802, Mme de Lamartine eut une cinquième fille que l'on nomma Sophie; la naissance de ce sixième enfant lui fit d'abord éprouver quelque chagrin; mais elle domina promptement cette impression, se remettant, elle et les siens, entre les bras de la Providence. Afin de mériter des grâces nouvelles dont elle sentait davantage la nécessité au fur et à mesure que ses devoirs et sa responsabilité augmentaient, elle s'efforça de mener une vie plus régulière, plus fervente.

« ... Nous venons d'établir chez nous la prière en commun. C'est un usage bien touchant et bien utile, si l'on veut que sa maison soit, suivant l'expression de l'Écriture, une maison de frères. Rien ne relève autant l'esprit des serviteurs que cette communion quotidienne avec leurs maîtres, par la prière et l'humiliation devant Dieu qui ne connaît ni grands ni petits. Cela est bien aussi pour les maîtres qui sont rappelés ainsi à l'égalité chrétienne avec leurs inférieurs selon le monde, et cela accoutume les enfants à penser à ce vrai Père qu'ils ne voient pas, mais à qui on s'adresse ainsi avec confiance et respect devant eux. »

Voilà de belles et nobles paroles qui définissent admirablement la vraie fraternité, celle qui a la religion pour base, et qui est la seule, quoiqu'en disent les utopistes, qui puisse s'établir ici-bas.

Un peu plus tard, Alphonse, qui était en pension à Lyon, s'échappe de son collège dont il trouvait la discipline trop sévère. Cette escapade causa de graves soucis à la pauvre mère, qui compatit pleinement aux répugnances du jeune écolier; mais la famille de son mari l'accuse de gâter trop son fils, et elle est obligée d'agir avec une grande circonspection. Après bien des luttes, elle obtint gain de cause néanmoins, et elle va elle-même confier son trésor aux Jésuites, qui ont un établissement florissant à Belley.

La pente de son esprit l'a toujours portée naturellement vers les choses sérieuses; cette disposition ne peut que s'accroître avec les années. Ne nous étonnons donc pas de lire dans son journal ce qui suit :

« ... Rien ici-bas ne peut satisfaire une âme élevée. C'est en vain qu'elle se tourne et se retourne; tout la rappelle à son Dieu, ce n'est que là qu'elle peut se reposer et trouver la fin de son agitation et de ses inquiétudes. Oui, mon Dieu, par votre grâce je sens tous les jours davantage ce besoin d'être à vous uniquement, de vous tout sacrifier pour tout retrouver en vous! Rien autre, ô mon Dieu, n'est digne de moi; je peux me livrer à cette orgueilleuse pensée sans crime. Mon âme est une émanation de la vôtre; elle ne peut trouver de paix et de bonheur qu'en se réunissant à son principe et à sa dernière fin. Faites, Seigneur, que j'y tende sans cesse et que plus rien ne m'en éloigne! »

Notons aussi les réflexions ci-après qui lui sont inspirées par une prise d'habit, réflexions non seulement justes et profondes, mais très pratiques. Chez cette femme supérieure, l'imagination était admirablement secondée par une raison ferme qui ne lui faisait jamais perdre de vue le solide et le réel.

« J'ai assisté aujourd'hui à une prise d'habit de religieuses Hospitalières, à l'hôpital de Mâcon. On leur a dit qu'elles embrassaient pour la vie un état de pénitence et de mortification.... J'ai beaucoup admiré leur dévouement, mais j'ai réfléchi que l'état d'une mère de famille, si elle remplit ses devoirs, peut approcher de la perfection de celui-là. On ne pense point assez quand on se marie, qu'on fait aussi vœu de pauvreté, puisqu'on remet sa fortune entre les mains de son mari, et vœu de chasteté en ce qu'il n'est pas permis de chercher à plaire à un autre homme. L'on se voue aussi à l'exercice de la charité vis-à-vis de son mari, de ses enfants et de ses domestiques; à l'obligation de les soigner dans leurs maladies, de les instruire autant qu'on le peut et de leur donner de sages conseils. Je n'ai donc rien à envier aux Hospitalières, je dois tâcher de remplir fidèlement mes devoirs tout aussi difficiles que les leurs, peut-être davantage en ce que l'on n'y est point engagé par l'exemple, mais au contraire que tout tend à nous en distraire. Ces réflexions m'ont fait grand bien à l'âme; j'ai renouvelé mes vœux devant Dieu, et je le prie de me faire la grâce d'y être très fidèle. »

Si les femmes envisageaient le mariage à ce point de vue, un peu austère, nous en convenons, mais vrai néanmoins, elles s'épargneraient à elles-mêmes et à ceux qui les entourent bien des mécomptes et bien des déceptions. Les partisans du divorce n'auraient pas alors à évoquer, en faveur de leur thèse outrageante, la plupart des raisons qu'ils se plaisent à énumérer. Beaucoup de jeunes filles ne voient dans une union prochaine, que l'affranchissement de tout devoir, de toute contrainte et le début d'une ère de liberté et de jouissance; l'expérience leur apprend bientôt qu'il n'en est pas ainsi, de là des récriminations, des plaintes, des déchirements et souvent des chutes lamentables.

Un des traits les plus attachants du caractère de Mme de Lamartine, c'est la sincérité parfaite qu'elle garde toujours vis-à-vis d'elle-même; elle se rend très bien compte de ces mouvements intérieurs, de ces faiblesses que nous n'aimons pas à découvrir et sur lesquels nous préférons souvent fermer les yeux....

« J'ai un peu de feu au visage, je m'aperçois que mon teint se gâte, et je ne disconviens pas que cela m'est très sensible. Cependant si c'est une humiliation, c'est peut-être aussi une grande grâce, parce que cela me détache du monde en me rendant moins propre à y plaire aux yeux. Je me soumets, mais j'en souffre; j'aurais voulu être dispensée de la loi commune et conserver en vieillissant les agréments de la jeunesse; j'oublie souvent que j'ai trente-huit ans et ce qui me le rappelle ne m'est pas agréable. Mon Dieu, ramenez-moi à la pensée du néant du monde par quelque chemin que ce soit et compatissez à ma faiblesse ! »

Le commencement d'une année lui inspire de graves pensées sur la brièveté de la vie, sur ce grand jour de l'éternité qui ne se mesurera pas comme les jours d'ici-bas, mais n'aura point de fin, et pour lequel il nous faut amasser des provisions et des trésors que la rouille ni les vers ne puissent détruire.

« Ce jour (2 janvier) m'avertit que je vais à grands pas vers le jour éternel. Les vertus que je veux m'appliquer particulièrement à acquérir cette année sont la douceur et l'humilité plus parfaite. Il me semble que ce sont celles dont le monde a le plus besoin. Je veux très peu parler de moi, supporter avec patience les contradictions, les humiliations que je pourrai éprouver, n'avoir aucune recherche dans ma toilette, ne jamais reprendre ni mes enfants ni personne avec humeur, n'en mettre jamais dans la discussion; je veux aussi ne jamais rien dire qui puisse faire de la peine au prochain, soit présent, soit absent. Voilà mes résolutions; c'est assez pour un an, il sera bien rempli si j'y suis fidèle. »

Les habitudes de la famille étaient alors un peu modifiées. En voyant grandir ses filles, Mme de Lamartine avait voulu leur faire donner des leçons de musique et de dessin, complément indispensable de toute éducation soignée; d'un autre côté, elle sentait qu'il serait difficile, sinon impossible, de les marier convenablement au fond d'une campagne solitaire. Le père de famille justement ému de ces considérations, s'occupa d'acheter une maison à Mâcon, quoique cette dépense assez considérable grevât un peu son budget, et on s'y installa chaque hiver pour ne rentrer à Milly que dans le courant de l'été.

A la ville comme à la campagne, Mme de Lamartine voit peu de monde et s'adonne presque exclusivement à l'éducation de ses enfants. Tous les après-dîners, on se rend à l'hôtel de Lamartine où demeurent le frère aîné et ses deux sœurs non mariées. Cette réunion n'est pas souvent agréable pour Mme de Lamartine, et son fils Alphonse l'a surnommée l'heure du martyre. C'est qu'en effet, durant cette visite où l'on n'admet aucun étranger, M. de Lamartine et ses deux sœurs,

LAMARTINE

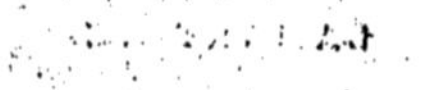

chacun suivant sa nature, mettent la mère de famille sur la sellette et distribuent avec une grande libéralité les observations, les reproches et les conseils.

M. de Lamartine, caractère froid et positif, ne comprend rien aux aspirations poétiques et enthousiastes de son neveu, aussi blâme-t-il fortement le système d'éducation qu'on suit pour ce dernier ; il accuse sa belle-sœur d'encourager, par une faiblesse coupable, des écarts et des tendances qu'il faudrait au contraire réprimer avec sévérité. Mme de Villars, la chanoinesse qui a beaucoup de traits de ressemblance avec son frère et ne lui cède en rien sous le rapport de l'énergie et de la fermeté, approuve non seulement tout ce qu'il dit, mais elle y joint ses propres représentations formulées peut-être avec un peu plus d'acrimonie. Mlle de Lamartine dont le caractère et la piété font songer aux esprits célestes s'exprime avec une douceur, une mansuétude qui ne se dément jamais, toutefois ses conclusions n'en sont pas moins celles de son frère et de sa sœur que d'ailleurs elle aurait scrupule à contredire.

Tous les trois, célibataires, sans autre famille que celle de leur jeune frère puisque le cadet est entré dans les ordres, ont concentré sur cette famille toute leur puissance d'affection et aussi, il faut l'avouer, toute leur faculté de critique et d'observation. Ils s'accordent pour blâmer la piété de Mme de Lamartine, qu'ils jugent trop mondaine, trop facile, les habitudes d'élégance qu'elle laisse prendre à ses filles, les relations qu'elle forme, les dépenses de son intérieur, jusqu'à son indulgente bonté qu'ils taxent de faiblesse, d'encouragement au mal.

Presque toujours, la pauvre accusée écoute ces mercuriales en silence et ne laisse échapper ni un mouvement d'impatience ni un geste d'ennui ; mais si le beau-frère se montre trop ouvertement despote, si Mme de Villars lance une pointe trop aiguisée, Mme de Lamartine réplique avec une certaine amertume ou fond en larmes. Alors les esprits se montent, la discussion s'envenime, des paroles aigres-douces s'entrecroisent, puis les trois femmes finissent, en échangeant des excuses mutuelles et des baisers. On se sépare dans les meilleurs termes du monde et le lendemain pareille scène se renouvelle. Cela dura ainsi pendant plusieurs années, car

Mme de Lamartine ne pouvait ni ne voulait se soustraire à cette domination tyrannique, l'avenir de ses enfants reposait complètement entre les mains des aînés de la famille; et d'ailleurs elle n'ignorait pas qu'en dépit des apparences, ces derniers l'aimaient sincèrement,

Alphonse est toujours le grand souci de son existence, elle souffre de voir ce jeune homme, à l'imagination ardente, au cœur tendre, s'étioler dans le *far niente* de la vie de province; mais nous venons de le dire, elle n'est pas libre d'agir suivant les inspirations de sa tendresse. A la suite d'une aventure romanesque, elle parvient cependant à le faire partir pour l'Italie, cette terre poétique qu'il souhaite ardemment de visiter.

« .... J'aspirais à le voir partir, j'aspire maintenant à le voir de retour; je le recommande le soir et le matin et vingt fois le jour à la protection divine. Quel malheur qu'un fils inoccupé!... »

L'avenir de ses filles dont les aînées ne sont plus des enfants, l'inquiète et la préoccupe; elle se reproche cette inquiétude comme outrageante envers la Bonté divine.

« .... Ce qui me fait trembler, c'est l'établissement de mes six enfants et toutes les peines que je prévois à cet égard; mais le tourment que me cause cette prévoyance est condamnable, parce que j'ai éprouvé tant de fois que le secours de Dieu ne m'avait manqué dans aucune circonstance, qu'à plus forte raison dois-je l'attendre dans celle-ci, le vrai but de ma vie. »

Au commencement de l'année 1813, on annonce officiellement le mariage de Cécile, sa fille aînée âgée de 17 ans, avec M. de Cessia, gentilhomme franc-comtois. Vers cette époque, Mme de Lamartine se rend à Paris accompagnée de sa seconde fille Eugénie, afin de ramener Alphonse qui, emporté dans le tourbillon des fêtes et des plaisirs, a contracté des dettes assez considérables et ne veut plus rentrer au foyer paternel. Elle a réuni tout l'argent qu'il lui a été possible de se procurer, et elle parvient à arranger les affaires d'une façon assez satisfaisante

Après bien des hésitations fondées sur ses scrupules religieux, elle consent à conduire sa fille à l'Opéra. Elle en sort plus désenchantée que ravie, car en cette circonstance ainsi que dans bien d'autres, la réalité n'a pas répondu à ce que son imagination lui avait dépeint.

« .... Je n'ai pas éprouvé l'étonnement et l'ivresse dont on m'avait tant parlé, j'ai même éprouvé un sentiment de pitié pour les hommes quand je me suis dit : Voilà donc la réunion de tous les arts, de tous les prestiges, de tous les talents ; voilà ce qui a tant de célébrité par tout le monde ! Ce n'est que cela? Un peu plus que des marionnettes. Mais au fait des jeux d'enfants, des diables, des feux avec de l'esprit de vin, des contorsions de toutes sortes, des machines dont on voit bien le jeu, voilà tout. O hommes, que vous êtes bornés en tout, même en folie!... Je suis bien aise d'avoir vu cela et de savoir au juste ce que c'est que les grands plaisirs de ce monde... »

Les années 1813 et 1814 lui apportent un surcroît d'inquiétudes et d'angoisses : les armées françaises et autrichiennes sont aux portes de Mâcon, et chaque coup de canon retentit douloureusement dans son cœur. A la date du 17 mars, elle écrit ce qui suit :

« .... Il y a toujours beaucoup de troupes ici ; nous sommes accablés de gens à nourrir, nous avons un général logé dans la maison, nous nourrissons tous ses gens qui sont au nombre de 28 et souvent davantage. Nous sommes absolument ruinés.... Hier il y a encore eu une bataille, les Français ont été repoussés, on dit que la perte a été fort grande des deux côtés. Il est arrivé beaucoup de blessés. Mon Dieu ! quand apaiserez-vous votre colère? Pardonnez-nous, faites cesser nos maux ! »

Le retour des Bourbons la comble de joie et elle salue avec exaltation la chute de Napoléon « .... N'était-ce pas une tentation pour beaucoup de gens de voir ce colosse de gloire élevé sur un si énorme piédestal d'iniquité, si l'on peut s'exprimer ainsi? Toute l'Europe semblait soumise à sa puissance; il n'avait qu'à désirer, entreprendre, et tout réussissait bien au-delà même de sa pensée. Tant qu'il a été l'instrument de Dieu, rien n'a arrêté le cours de ses conquêtes, de ses dévastations, du bouleversement général qui s'est opéré par lui presque sur toute la surface de la terre. Ne pouvait-on pas dire : A quoi sert la vertu, puisque l'iniquité portée au dernier excès qu'on puisse concevoir, a un succès si éclatant? Attendez, hommes de peu de foi, attendez un moment, et ce prodige sera dissipé, foudroyé, détruit encore plus promptement qu'il ne s'était élevé! On en cherchera la trace, il sera enseveli dans ce qu'on appelle sa gloire, sous des ruines de nations et sous des monceaux de cadavres immolés à l'ambition insatiable d'un seul homme! Le royaume de Saint-Louis va renaître avec le royaume de Dieu! Chantez un nouveau cantique, chantez la puissance et la bonté de Dieu sur toute la terre! Que toutes les mères qui conserveront maintenant le fruit de leurs entrailles chantent le cantique du salut avec mon cœur! »

Cette ivresse est bientôt troublée par les cent-jours; la mère de famille voit redoubler ses alarmes : Mâcon est pris par les Autrichiens au milieu de la nuit, Alphonse est allé rejoindre, non sans dangers, le prince qu'il accompagne jusqu'à Béthune.

Enfin le calme se rétablit; un nouveau mariage se prépare. Dans les derniers mois de l'année 1816, Eugénie la seconde des filles, devient la femme de M. Coppens d'Hondschoote, jeune et brillant lieutenant-colonel, alors en garnison à Mâcon.

L'année suivante, il est question d'établir Césarine que sa mère appelle volontiers *ma belle Césarine* et dont elle dit : « Elle est d'une beauté éblouissante et tout italienne; on prétend qu'elle ressemble trait pour trait à une figure de Raphaël, appelée la *Fornarina*.

Dans les *Confidences* de *Lamartine*, nous lisons ce qui suit.

«..... Elle était une de ces plantes qui mûrissent avant le temps. Rien ne rappelait en elle la jeune fille de nos climats et de ce sang tempéré de la famille où elle était née. Quelque chose de méridional et de chaleureux caractérisait sa beauté. Ses cheveux châtain foncé étaient moins soyeux au regard, moins souples à la main que ceux de ses sœurs; ils étaient comme hâlés par le soleil de Naples ou d'Espagne. Ses yeux presque noirs, tant l'azur en était sombre, larges et à fleur de tête, étaient recouverts par une frange de cils plus longs que ceux d'aucune femme que j'ai vue, excepté en Asie.... En tout, c'était une jeune fille romaine éclose par un caprice du hasard dans un nid des Gaules; un souffle du vent du midi qui avait traversé les Alpes pour venir animer ce corps, un rayon de la côte de Sorrente ou de Portici, incrusté en chaleur et en splendeur sur un front dépaysé dans le Nord.... Une larme sur du feu, voilà toute Césarine ! J'y penserai jusqu'au tombeau. »

Évidemment l'exagération naturelle aux poètes se retrouve dans ce portrait que nous avons un peu abrégé, toutefois celle qui l'inspira ne devait pas être une femme ordinaire. Un ami d'Alphonse, Amédée de Parseval ne peut voir cette charmante personne sans en devenir passionnément épris; Mme de Lamartine favorise en quelque sorte cette amour naissant, car le jeune homme lui paraît réunir toutes les qualités propres à assurer le bonheur de sa fille. Cependant ce futur mariage, par de misérables raisons de société, lisons-nous dans le journal, ne convient ni à l'oncle ni aux tantes. Il serait peut-être plus prudent d'empêcher les jeunes gens de se connaître, de s'aimer puisque cette union n'est pas certaine, mais la pauvre mère espère toujours vaincre des répugnances qui lui semblent mal fondées et elle ne se sent pas le courage de contrister ces deux cœurs si purs, si confiants. Elle sait, en outre, que bon nombre d'unions qui, à la surface, paraissent heureuses et paisibles, cachent, faute de sympathie, des sacrifices douloureux sans cesse renouvelés, et elle veut éviter ce martyre à sa chère enfant.

« Quels tourments, écrit-elle, d'avoir deux esprits dans une famille sur des motifs si graves ! Je trouve qu'on ne consulte pas assez le cœur dans la société en France, pour la grande action de la vie, le mariage.... »

Un peu plus tard : « Ce projet de mariage pour ma Césarine est décidément impossible; j'ai été obligée de le dire, non sans larmes, au pauvre jeune homme. La famille est obstinée dans son refus, je suis désespérée; le jeune homme veut encore espérer contre toute espérance. Césarine est bien triste, mais bien touchante de soumission; elle craint, si elle forçait elle-même les répugnances, quoique si mal motivées de la famille, que le mécontentement de ceux et de celles de qui nous dépendons ne retombe sur moi.... »

Au commencement de l'année suivante, Césarine est devenue la femme de M. de Vignet, neveu du comte de Maistre et très estimé à Chambéry qu'il habite. La pauvre mère énumère avec une certaine affectation tous les avantages de cette union, afin de se persuader que sa fille et réellement heureuse.

« .... Sa réputation est des plus distinguées, il est plein d'esprit, de connaissances, de mérites en tous genres; sa famille est tout ce qu'il y a de mieux dans ce pays-ci; il parviendra vraisemblablement à la place la plus éminente dans la carrière qu'il a embrassée, par son mérite et par l'appui de son oncle, le comte de Maistre qui est chancelier.... »

Aux fêtes qui ont été données à Chambéry, Alphonse s'est rencontré avec une jeune anglaise intelligente et distinguée dont il désire ardemment faire sa compagne; là encore se dressent des obstacles de tous genres, et Mme de Lamartine retombe dans les angoisses, les perplexités d'où elle vient à peine de sortir. Enfin après bien des alternatives de crainte et d'espoir, elle voit s'ouvrir pour son premier-né, un avenir radieux. *Les Méditations* sont publiées et le public les accueille avec un enthousiasme indescriptible; l'auteur est désormais célèbre et, comme si tous les bonheurs lui devaient venir à la fois, cette place de diplomate, que longtemps il a sollicitée en vain, lui est accordée; il est nommé secrétaire d'ambassade à Naples. Le 6 juin 1820, dans la chapelle du gouverneur de Chambéry, il est uni avec sa chère anglaise. Mme de Lamartine nous retrace ainsi ses impressions dans ce grand jour.

« .... Je ne puis dire tout ce que j'éprouvais en voyant mon fils arrivé enfin à ce moment si important de sa vie; j'ai prié Dieu avec bien de l'ardeur, mais je me reproche toujours de ne l'avoir point encore assez prié; que peut réserver de prières de reconnaissance et de joie dans son cœur une mère qui touche enfin pour son fils à un tel moment! Son œuvre sur la terre est finie le jour où elle a vu le bonheur assuré de tous ses enfants.... »

Mais au milieu de cette félicité se montre un point noir qui va toujours aller grandissant : Césarine dont la santé jadis était si florissante, lui inspire de cruelles inquiétudes, elle la ramène à Mâcon afin de la soigner.

Vers cette époque, elle voit mourir une amie qu'elle chérissait d'une façon toute particulière : chez cette femme admirablement douée, les affections de famille, si complètes, si vives qu'elles soient, ne l'empêchent pas de goûter les douceurs de l'amitié. Ouvrons son journal et lisons ce qu'elle écrit à ce sujet.

« .... Dieu semble me ménager des peines maintenant en proportion de mon excès de bonheur. J'ai retrouvé ma pauvre amie Mme P..., seconde sœur pour moi, à toute extrémité. Hélas ! je m'y attendais trop ! Je l'ai veillée jour et nuit depuis quinze jours ; elle n'avait de repos que quand j'étais là ; elle a expiré en m'embrassant ! Quelle amie dévouée je perds en elle ! Que de vide autour de moi par cette perte ! Sans cette incomparable amie qui cherchait mes tristesses et mes besoins pour mes enfants au fond de mon cœur, qui s'oubliait elle-même pour venir à mon secours, et qui faisait très souvent au-delà de ses facultés, que serais-je devenue souvent ? Ah ! que notre affection dure et s'éternise dans le ciel ! Je ne passerai jamais un soir ni un matin sans prier pour elle, et quand je verrai devant ma fenêtre, de l'autre côté de la rue, cette fenêtre à jamais fermée ou occupée par d'autres visages, comme mon cœur se fendrait de tristesse, si je ne la revoyais pas plus haut dans le ciel ! Que n'ai-je pas dû à mes amis ici-bas ? Je crois vraiment que l'amitié est la forme visible de la Providence. Le cœur de Dieu lui-même semble nous entendre, nous parler, nous comprendre, nous abriter dans le cœur de nos amis.... »

Au fur et à mesure que les années s'écoulent, la piété de Mme de Lamartine, loin de se ralentir, s'accroît, se perfectionne de jour en jour ; elle veut se donner à Dieu d'une façon plus entière, plus étroite, en attendant qu'il la rappelle à Lui.

« J'ai pris cette année — 1820 — l'habitude d'aller à l'église dès le matin, avant le jour, entendre la messe ; il me semble qu'il faut d'abord dérober ces prémices de la journée aux tracas ou aux plaisirs du monde, et rendre à Dieu ce qui est à Dieu, et puis au monde ce qui est au monde : J'éprouve bien de la peine quelquefois à sortir, par tous les temps, de la mollesse de mon lit et de la douce température de ma chambre, pour aller à ce qu'on appelle ici la messe des pauvres et des servantes ; mais ne sommes-nous donc pas tous pauvres de grâces de Dieu, et toutes les servantes de nos pères, de nos maris, de nos enfants? Je suis bien récompensée un peu plus tard par le recueillement que je sens dans ces demi-ténèbres, par plus de ferveur dans mes prières, par le calme et par la force que me donne ensuite pour tout le jour ce sentiment de la présence de Dieu et de mon premier devoir accompli. Mon goût serait de vivre dans une plus complète retraite, mais quand je songe à mes deux dernières filles à marier, et à la convenance de les mêler un peu au monde dont elles doivent faire partie, je crois que je suis dans l'ordre et je me rassure. »

Dans le courant de l'été suivant, elle maria sa quatrième fille, Suzanne dont elle nous fait connaître l'aimable nature par les lignes suivantes :

« .... C'est la vertu et la raison ; j'espère que Dieu lui enverra celui qui peut et doit la rendre heureuse; en attendant, son imagination est si réglée, son cœur si pur, elle est si appliquée à ses devoirs qu'elle n'a pas un instant de trouble ni d'inquiétude, et qu'elle a une égalité de caractère, une paix d'âme qui m'enchantent. »

La perfection de ses traits n'était pas moindre que celle de son âme ; son frère, dans son langage imagé, la dépeint ainsi à l'âge de quinze ans :

« C'était la pureté de lignes et la virginité d'expression de visage des madones de Raphaël sur le corps d'une Psyché de Phidias : la vierge chrétienne aussi chaste, aussi pure et aussi céleste qu'il soit donné de rêver. On l'appelait dans le peuple *le tableau d'autel*, parce qu'il y avait dans le chœur de l'église une figure de sainte, par Mignard, qui lui ressemblait. Cette forme véritablement trop angélique pour une fille de la terre, et ce visage d'idéale perfection de traits ne contenait que deux empreintes : beauté et piété. Elle n'était évidemment pas née pour plaire aux hommes et pour aimer, mais pour éblouir et pour adorer. C'était un de ces êtres que Dieu montre aux hommes, mais qu'il se réserve pour son culte ; un enfant de chœur de son temple naturel, une constellation du ciel, des yeux qu'on voit de loin, qu'on ne touche jamais. Elle était la prière vivante et la contemplation agenouillée. »

Moins de trois ans après ce mariage qui s'annonçait sous les plus riants auspices, nous retrouvons la pauvre mère gravissant un calvaire bien douloureux. Comme la Cornélie antique, ses enfants étaient ses joyaux et déjà une des plus belles perles de sa couronne maternelle est tombée; en dépit de sa tendresse, de ses soins, Césarine lui a été enlevée; maintenant un nouveau sacrifice lui est demandé et elle veille au lit d'agonie de sa Suzanne qu'un miracle seul peut sauver. Ce miracle, elle l'espère contre toute espérance.

Les miracles, écrit-elle, semblent toujours possibles à qui les demande comme moi.

Hélas ! malgré tant de supplications, de larmes, malgré les prières du thaumaturge du XIXe siècle, le prince de Hohenlohe, la jeune femme s'éteint sans secousse, sans effort, laissant un mari, une mère inconsolables, et un petit enfant au berceau.

« .... Ma douleur n'est point amère; depuis un an j'ai pleuré presque tous les jours d'avance le malheur que j'écartais de ma pensée, mais que je prévoyais malgré moi; à présent je ne pleure plus : il est vrai que je suis dans l'étourdissement des premiers moments où l'on ne sent pas le coup à force de le sentir. Mon Dieu! prenez-moi aussi, je ne veux plus vivre que pour ce ciel que j'ai montré à mes deux filles, et où elles m'appellent et m'introduiront à leur tour. Ah! les familles se déchirent ici-bas, mais elles se renouent pour l'éternité! J'ai sa petite croix qu'on a trouvée dans sa main, je la vénère, je la baise, je veux la porter jusqu'à ma mort. »

La prière, la méditation, le soin des pauvres, des malades, sa sollicitude inquiète pour son mari, atteint d'une infirmité douloureuse, pour Sophie, sa dernière fille, remplissent désormais toutes ses heures.

« .... Il faut, lisons-nous dans son journal, me détacher de plus en plus, bon gré mal gré, de ce monde; je sens le soir, combien de jours me reste-il à compter dans ce misérable monde? Dieu le sait, je ne compte pas, je m'abandonne à Lui, je lui demande de n'y rester que pour me laisser le temps d'en mériter de sa bonté un plus permanent.... »

Un dernier vide se fait à son foyer, Sophie se marie et elle part dans les montagnes des Cévennes où sont les propriétés de son mari.

« Que deviendrais-je, écrit-elle, sans cette enfant qui m'était restée comme l'ombre de toutes les autres! »

La dernière page de son journal se termine ainsi, et est comme le résumé des sentiments de foi, de résignation, qui toujours animèrent sa vie :

« .... Mais il est temps, toujours temps, pendant que Dieu nous laisse la vie, d'en profiter pour gagner le ciel, c'est donc ce que je lui demande de toute mon âme en finissant ce livre, et en le priant de répandre sur moi et sur tout ce qui m'appartient les bénédictions spirituelles les plus abondantes. Quant aux bénédictions temporelles, je ne les lui demande qu'autant qu'elles nous sont nécessaires pour le ciel, mais je m'abandonne de tout mon cœur à ses décrets paternels. Qu'il me bénisse dans mes enfants, dans mes amis, dans tout ce qui m'a aimée et que j'ai tant aimé sur la terre ! »

A la fin de l'automne 1829, le 27 novembre, après avoir entendu, suivant sa coutume, la messe matinale, Mme de Lamartine se rendit aux bains publics tenus par les sœurs de la Charité. Elle entra seule au bain, ayant gardé depuis sa jeunesse l'habitude, contractée au chapitre, de n'employer personne à son service personnel ; au bout de quelques instants la supérieure, qui traversait le corridor, crut entendre des gémissements étouffés ; elle se précipita dans la cellule et elle vit Mme de Lamartine privée de sentiment, la poitrine couverte d'eau bouillante qui ruisselait par le cou de cygne ouvert. On s'empressa de lui donner les premiers soins, on la déposa sur un matelas, et quatre incurables, pauvres filles auxquelles tant de fois elle avait prodigué ses aumônes, la transportèrent à sa demeure. On crut d'abord à un accident sans gravité, mais le soir, après avoir levé le premier appareil, les médecins laissèrent peu d'espoir.

Durant sa courte agonie, la malade se montra telle qu'elle avait toujours été, bonne, compatissante, oublieuse de ses propres souffrances pour ne s'occuper que de la fatigue de ceux qui la soignaient, domptant sa douleur pour consoler son époux et lui donner des espérances qu'elle n'avait pas elle-même. Sa belle-fille qui l'aimait tendrement ne la quitta pas un seul instant, et la veilla avec une sollicitude toute filiale. Une dernière fois, elle voulut recevoir le Dieu de l'Eucharistie, qui si souvent avait été son appui et allait bientôt être sa récompense. Durant la dernière nuit qu'elle passa sur la terre, elle eut un léger délire, le nom de tous ses enfants et petits-enfants, les chères amours de son cœur, s'échappa bien souvent de ses lèvres. Vers l'aube on l'entendit murmurer : « Que je suis heureuse ! oh ! que je suis heureuse ! mon Dieu ! vous ne m'avez pas trompée, je suis bien heureuse !... » et calme et souriante, elle entra en possession de ce bonheur dont elle entrevoyait déjà quelques lueurs. Elle avait à peine soixante-deux ans.

Sur sa tombe on eût pu graver ces paroles de la divine Écriture : « La grâce est trompeuse et la beauté vaine : la femme qui craint le Seigneur aura seule des louanges. »

LA DUCHESSE D'AIGUILLON

Parmi cette pléiade de femmes spirituelles et charmantes : Mmes de Chevreuse, de Longueville, de Sablé, etc., qui donnèrent au XVIIe siècle tant de grâce et d'éclat, il en est une, moins célèbre peut-être, qui mérite une place à part, plus encore par ses vertus, ses grandes qualités, que par la haute position qu'elle occupa; nous voulons parler de la nièce de Richelieu, la marquise de Combalet, mieux connue sous le nom de duchesse d'Aiguillon. Ce qui surtout nous paraît admirable dans cette femme que la fortune de son oncle plaça presque au même rang que les princesses de sang royal, c'est la simplicité, la modération que toujours elle sut garder au milieu des honneurs. Il semble que des grandeurs mondaines il s'exhale je ne sais quelle vapeur capiteuse qui enivre parfois les intelligences les plus fermes, les cœurs les plus nobles; la duchesse se garantit de cette perfide influence, il est vrai qu'elle possédait l'antidote par excellence : une piété sincère et éclairée.

Marie de Wignerod de Pontcourlay naquit, en 1604, au château de Glénay, en Poitou. Son père, René de Wignerod, était gentilhomme de la chambre de Henry IV; sa mère, Françoise de Richelieu, était la sœur aînée d'Armand de Richelieu, sur qui la Providence avait de si grands desseins. L'enfance de la jeune Marie s'écoula paisible et heureuse dans ce manoir, au sein d'une nature un peu sauvage, mais empreinte d'une beauté grave et mélancolique qui n'était pas sans charmes. Sa mère, femme vraiment supérieure qui savait la vanité et le mensonge des grandeurs humaines, lui inculqua de bonne heure le détachement, le mépris des biens d'ici-bas, et implanta dans son cœur le goût des choses du ciel. La jeune enfant répondait à merveille aux soins dont elle était l'objet; son âme naturellement pieuse s'ouvrait avec bonheur aux leçons qui lui étaient données, et nul doute que ces premiers enseignements recueillis sur les lèvres maternelles n'aient été le point de départ des vertus qui, par la suite, brillèrent d'un si vif éclat dans la duchesse d'Aiguillon.

Elle avait à peine cinq ans lorsque la naissance d'un frère répandit l'allégresse au château de Glénay; M. de Pontcourlay, qui un instant avait craint de voir son nom s'éteindre, était singulièrement heureux, et il faisait reposer sur cette frêle créature toute son ambition et toute son espérance. Le petit François comptait un peu plus de deux ans quand, un jour, il fit loin de sa mère, qui cependant le quittait le moins possible, une chute qui inspira des craintes non seulement pour sa vie, mais aussi pour son intelligence. Tout fut mis en œuvre afin d'éviter ce double danger; l'enfant se rétablit par degrés, toutefois il demeura contrefait et presque idiot.

La douleur des parents ne peut se décrire; à dater de cet accident, Mme de Pontcourlay ne fit plus que languir. Sa faiblesse toujours croissante l'obligea de renoncer à s'occuper de sa fille comme par le passé, et elle confia celle-ci, au moment de la première communion, à son grand-oncle, l'abbé Wignerod, curé de Glénay. Ce dernier, homme aussi savant que vertueux, se plut à instruire sa jeune parente, non seulement dans les choses de la religion, mais il lui enseigna les premiers éléments de la littérature française et latine; il sut lui inculquer le goût des belles-lettres, de telle sorte qu'elle le garda toute sa vie.

Au commencement de l'année 1616, Mme de Pontcourlay, qui avait été pour sa fille le modèle de toutes les vertus, lui donna le suprême enseignement, en lui montrant à bien mourir. Elle s'éteignit doucement, résignée au bon vouloir divin, pleine de confiance dans les miséricordes célestes, remettant son fils et sa fille à la garde de sa mère, la marquise de Richelieu, qui était venue lui fermer les yeux.

La douleur filiale de Mlle de Pontcourlay s'aggravait d'une peine nouvelle; il lui fallait suivre son aïeule, dire adieu à

Glénay son berceau, à ses sentiers, à ses sites chers et familiers qui tous lui rappelaient quelque doux souvenir. En quittant ces lieux où elle laissait la tombe de sa mère, il lui sembla perdre celle-ci une seconde fois, et ses larmes coulèrent avec abondance. Le voyage qui, à cette époque, se faisait à cheval, dans des chemins difficiles, parfois dangereux, l'arracha forcément à sa tristesse, en donnant un autre cours à ses pensées. Mais c'en était fait pour elle de la joyeuse insouciance de l'enfance, la mort de sa mère fermait d'une façon lugubre cette période de son existence; elle allait en commencer une autre, en apparence plus animée, plus brillante, en réalité hérissée de sacrifices, semée de mécomptes et de désenchantements.

Le château de Richelieu, qui allait être désormais la demeure de l'orpheline, peu éloigné de Tours et de Poitiers, était le centre d'une société choisie et parfois nombreuse. La marquise de Richelieu avait été dame d'atours de la reine, et, quoique ayant cessé ses fonctions depuis bon nombre d'années, elle était en relations avec différents personnages de la cour. Elle possédait à un haut degré cette urbanité de langage, cette élégance de manières qui ne s'acquiert que par la fréquentation des grands; elle joignait à ces avantages extérieurs un esprit cultivé et une vertu éprouvée. Si, durant le jour, elle savait par le charme de sa conversation distraire et intéresser ses invités, le soir elle rassemblait sa famille, ses serviteurs, et elle récitait à haute voix la prière, se ressouvenant de la parole du divin Maître : « Quand vous vous rassemblerez deux ou trois en mon nom, je serai au milieu de vous. »

Mlle de Pontcourlay mit à profit son séjour à Richelieu pour parachever son éducation; son père, qui possédait une fort belle voix, lui apprit à chanter en s'accompagnant du luth; il lui enseigna également les langues espagnole et italienne, qu'il n'était pas permis alors à une jeune personne bien née d'ignorer.

Peu de temps après son installation chez son oncle, Armand de Richelieu, qu'on appelait M. de Luçon, repris de fièvres qui ne lui laissaient guère de repos, vint en convalescence au château; dès son arrivée, la marquise, sa mère, lui présenta les deux orphelins encore revêtus de leurs habits de deuil, et le pria de les bénir et de les protéger. L'évêque attendri par le souvenir de sa sœur morte si jeune, les bénit en pleurant, et il promit d'avoir, à l'égard de son neveu et de sa nièce, le cœur d'un père. Il semble que ce soit par un pressentiment de sa fin prochaine, pressentiment que rien ne justifiait, sa santé étant excellente, que la marquise agit de cette manière. A la fin de cette même année, le 14 novembre 1616, elle mourut soudainement, n'ayant pour l'assister que sa fille Nicole, aussi faible d'esprit que de corps, et sa bien-aimée petite-fille Marie de Pontcourlay.

Cette mort imprévue fut pour cette dernière une cruelle épreuve; elle n'était cependant pas à la fin de ses deuils. Deux ans plus tard, elle vit mourir la jeune marquise de Richelieu, avec qui elle avait passé l'hiver qui suivit la mort de son aïeule. Cette jeune femme, qui aimait le monde avec passion, rendit le dernier soupir, après avoir donné le jour à un enfant qui vécut six semaines seulement, appelant en vain son mari que les dissentiments survenus entre le roi et la reine retenaient en exil, et auquel on ne permit ni d'aller rendre les derniers devoirs à sa femme ni d'embrasser le fils que celle-ci venait de lui donner. Enfin, au mois de juillet 1619, à la suite d'un duel avec le marquis de Thémines, le marquis de Richelieu succomba. Il fut inhumé au château de ses aieux; seule Mlle de Pontcourlay avec son père et sa tante Nicole, devenue marquise de Brézé, assistèrent à ses funérailles, rendues plus lugubres encore par les circonstances qui avaient amené le trépas du défunt.

En 1620, Mlle de Pontcourlay atteignit sa seizième année; elle était dans tout l'épanouissement de la jeunesse et de la beauté ; les larmes, si sincères soient-elles, sèchent facilement dans des yeux de quinze ans. Son oncle qui songeait à son établissement, lui présenta un gentilhomme de fière mine, le comte de Béthune, neveu de Sully, et la pria de l'accueillir comme un fiancé, la demande qu'il avait faite de sa main ayant été favorablement agréée de toute la famille. L'obéissance sembla des plus faciles à la jeune fille, car Hippolyte de Béthune était beau, bien fait, brave, qualité essentielle à cette époque, et fortement épris de sa charmante fiancée. Il avait seulement une année de plus que celle-ci ; c'est pourquoi les parents avaient décidé, d'un commun accord, que le mariage ne se ferait pas immédiatement. Il passa quelques jours au château de Richelieu, où toute la famille était réunie. L'intimité plus grande qu'autorise la vie à la campagne, en permettant aux deux jeunes gens de mieux se connaître, resserra les liens qui les unissaient; sans se départir, en quoi que ce soit, de la plus chaste réserve, sans oser peut-être s'avouer leur mutuel amour, ils goûtèrent durant ces instants trop courts qu'il leur fut donné de passer ensemble, un bonheur complet : ils s'aimaient, ils avaient foi l'un dans l'autre, et, s'ils interrogeaient l'avenir, c'était pour le voir rayonner des plus séduisantes couleurs. Ces jours furent, sans contredit, les jours les plus heureux de la vie de Mlle de Pontcourlay, les seuls heureux même. Enfin, M. de Béthune dut partir; il emportait avec lui de si chers souvenirs, de si radieuses espérances, qu'il sentit peu l'amertume des adieux. Mlle de Pontcourlay, malgré son extrême jeunesse, connaissait déjà quelque chose des dissensions, des intrigues qui régnaient à la cour, et elle ne pouvait se défendre d'une certaine crainte : de la coupe aux lèvres, il y a place au malheur.

Ceux qui savent l'histoire de ces temps troublés, n'ignorent pas l'animosité qui régnait presque toujours entre Louis XIII et sa mère, Marie de Médicis. Une réconciliation, à laquelle se prêta le duc de Luynes, eut lieu entre ces deux grands personnages au moment où se négociaient les préliminaires du mariage de Mlle de Pontcourlay. Afin de se rapprocher de Richelieu, dont il craignait l'influence toujours croissante, le duc de Luynes fit proposer une alliance entre la nièce du premier ministre et son propre neveu, M. de Combalet. Il manœuvra de telle façon qu'il emporta d'assaut le consentement de la reine-mère et que M. de Luçon, quels que fussent d'ailleurs ses propres désirs, n'eut qu'à s'incliner devant la volonté royale : un refus de sa part, une simple hésitation, c'était sa disgrâce complète et l'abaissement de sa famille.

Le roi, qui goûta fort ce projet, assurait au neveu de son conseiller une somme de 150,000 livres; Marie de Médicis, qui ne voulut pas être en reste de générosité, donnait à la future 200,000 livres et 12,000 écus de pierreries.

M. de Béthune, en apprenant la rupture que la famille de Richelieu méditait, retira fièrement la parole qu'il avait donnée; mais peu après, touché des larmes et du morne désespoir de son fils, il fit taire son orgueil et écrivit en suppliant à M. de Luçon. Celui-ci adressa au pauvre père une vraie lettre diplomatique qui, sous des formes courtoises et ambiguës, équivalait au refus le plus formel.

Il restait au puissant ministre une dernière mission à remplir, il lui fallait instruire sa nièce des projets nouveaux formés à son insu, et obtenir, sinon son consentement, au moins son obéissance. Prévoyant de ce côté certaines difficultés, il eût voulut gagner du temps; mais la reine-mère, dès qu'elle fut de retour à Paris, déclara qu'elle entendait que ce mariage, lequel, suivant sa propre expression, « elle désirait avec passion, » fût célébré dans un bref délai. En conséquence, Richelieu manda sa nièce à Paris. Elle y arriva toute joyeuse, l'esprit rempli des séduisantes descriptions que sa tante lui avait fait naguère des splendeurs de la cour. Alors, on lui apprit qu'elle devait oublier M. de Béthune, que son mariage avec M. de Combalet était arrêté, et qu'il aurait lieu sous peu de jours : telle était la volonté du roi, de la reine, le désir de son père et de son oncle. La pauvre fille, en écoutant cette communication, pleura amèrement et, dans l'angoisse de son âme, elle dit qu'elle en mourrait. Toutefois, comme elle était chrétienne, qu'elle avait été élevée dans de profonds sentiments de déférence et de soumission à l'égard de ses parents, elle se résigna, pensant que Dieu lui-même demandait ce sacrifice, puisque ceux qui avaient autorité sur elle le réclamaient.

Huit jours après son arrivée à Paris, le 26 novembre 1620, on lui fit revêtir une merveilleuse parure, qu'elle ne daigna pas regarder; on la couvrit de pierreries, don de Marie de Médicis; puis son oncle, M. de Luçon, la présenta au roi et aux deux reines. La jeune fille ne vit rien des magnificences déployées dans cette circonstance; elle entendit à peine la lecture du contrat, dans lequel étaient pompeusement énumérés les dons royaux faits aux deux futurs. Ensuite, dans la chambre même d'Anne d'Autriche, le cardinal de la Rochefoucauld donna la bénédiction nuptiale aux époux, en présence du roi, des reines, des princes et des princesses.

Mlle de Pontcourlay avait trop de fierté et d'élévation dans le caractère pour laisser voir le déchirement de son cœur; elle demeura calme et sereine, et, si on ne vit pas sur sa physionomie la joie et l'allégresse qu'on eût put y lire en semblable occurrence, on put croire que la timidité et l'émotion l'empêchaient de laisser paraître ses sentiments.

M. de Combalet avait à peine vingt ans; il était mal fait et d'une figure peu avenante. Six mois s'écoulèrent, durant lesquels on doit supposer que la marquise remplit courageusement les nouveaux devoirs qui lui étaient imposés; nul doute que l'admiration, l'ardent amour que son jeune mari lui témoignait, n'excitât au moins sa reconnaissance.

Le 2 août 1621, le marquis de Combalet, chargé de ramener à l'obéissance les huguenots révoltés, partit à la tête d'une armée considérable qui allait investir Montauban. Pendant qu'il guerroyait, la marquise accompagna Marie de Médicis, qui, avec une suite nombreuse de dames et de seigneurs, fit un assez long séjour en Anjou. Dans la disposition d'âme où se trouvait la jeune femme, les plaisirs bruyants auxquels se livrait cette folle jeunesse, ne pouvaient qu'exciter son indifférence, presque son dégoût. Une seule chose la charmait : parcourir à cheval (elle était excellente écuyère) les sentiers ombreux de la forêt de Milly. Quant aux autres divertissements, ils la trouvaient insensible. Afin d'échapper aux galanteries d'une société légère, elle se réfugiait dans la prière, tournant vers le divin Ami, qui seul ne manque jamais, son cœur fatigué et endolori.

Au mois de septembre, M. de Combalet fut chargé par le roi d'aller porter à Paris des dépêches importantes. Il profita de ce voyage pour se rendre auprès de la marquise; durant les quelques jours qu'ils passèrent ensemble, rien ne les vint avertir que c'était leur suprême réunion et qu'ils ne devaient plus se revoir ici-bas.... Le 3 septembre 1622, M. de Combalet fut tué à Montauban, dans une sortie furieuse opérée par les huguenots.

Dès que la marquise eut appris la fin prématurée de son époux, elle demanda un congé à la reine et alla s'enfermer au couvent des Carmélites. Cette sainte maison lui était déjà familière, car plusieurs fois elle avait accompagné Marie de Médicis, qui allait y faire des retraites. Parmi les novices du Carmel, se trouvait alors Mlle de Bains, qu'elle avait connue à la cour et vers laquelle l'entraînait une vive sympathie. En revoyant cette brillante personne, si heureuse au milieu des austérités du cloître, la jeune veuve sentit se fortifier la résolution où elle était de prendre rang parmi les filles de sainte Thérèse, et elle promit à Dieu d'être désormais uniquement à lui. Le directeur qu'elle choisit et qui d'ailleurs n'était autre que le supérieur de la communauté, approuva son généreux dessein.

Après avoir suivi pendant un an la règle sévère de la maison, s'être assujettie, elle qui avait connu les mille recherches et délicatesses d'une cour, aux rudes mortifications pratiquées par les religieuses, la jeune veuve obtint la faveur de prendre l'habit de novice, et elle prononça ses premiers vœux. Ce fut peu après cette cérémonie qu'elle apprit la mort de son père, M. de Pontcourlay ; elle le pleura, car il avait été bon pour elle, quoique toute sa tendresse se fût concentrée sur l'héritier de son nom. Un seul protecteur lui restait dorénavant, son oncle, M. de Luçon, récemment promu au cardinalat, envers qui elle avait un profond respect et une entière soumission. Elle était loin de prévoir combien cette tutelle qu'elle acceptait volontiers, allait changer sa destinée.

Déjà une année s'était écoulée depuis qu'elle avait reçu le voile des novices; sa ferveur ne s'était point démentie, son désir d'être toute à Dieu demeurait le même, elle sollicita instamment la grâce d'être admise à la profession. Le directeur et la prieure alléguèrent sa grande jeunesse, l'extrême délicatesse de sa santé; puis, vaincus par ses prières, ils lui avouèrent que le cardinal avait défendu qu'on la reçût religieuse. Bien que la triste veuve souffrît beaucoup d'une telle décision, elle comprit qu'il fallait se soumettre. Richelieu vint la voir plusieurs fois au parloir; il essaya de la dissuader de ses projets de réclusion, en lui montrant le rang élevé qu'elle occuperait à la cour, si elle consentait à y reparaître, le bien qu'elle serait à même de faire. Mme de Combalet ne parut point éblouie d'une telle perspective, elle avait trop souffert dans le plus intime de son être, à cause des intrigues des grands, pour ne pas avoir en dégoût ces plaisirs décevants, ces vains honneurs dont on lui parlait. Alors le cardinal eut recours à d'autres arguments; il lui peignit, sans essayer d'atténuer les sombres teintes de ce tableau, la solitude relative où il se trouvait, lui, le premier ministre, si honoré, si

LE CARDINAL RICHELIEU

envié, les haines qui l'enveloppaient de toutes parts, les complots qui se tramaient sans cesse, menaçant son crédit, même sa vie. Si elle persistait à demeurer au Carmel, il était donc condamné à un isolement éternel, tandis que, si elle consentait à vivre près de lui, il saurait qu'une affection vraie et désintéressée lui était acquise, et de temps à autre, il viendrait oublier à ses côtés les soucis de la politique et les machinations de ses ennemis.

La jeune femme parut vivement émue en écoutant son oncle, et il était facile de constater que sa résolution primitive était ébranlée. Richelieu ne voulut point abuser de sa victoire; il demanda seulement à sa nièce, comme dernière épreuve, avant un engagement définitif, de lui consacrer quelques mois. Elle consentit, s'imaginant dans son inexpérience qu'il lui serait aisé, au bout de ce temps de rentrer dans sa paisible cellule. Elle versa néanmoins d'abondantes larmes en quittant la chère communauté où elle avait retrouvé la paix, en s'arrachant des bras de ses compagnes éplorées; mais l'espérance d'un retour prochain la soutint.

A la fin de l'année 1624, la marquise de Combalet, revêtue de ses habits de deuil qui lui donnaient un aspect presque monastique, reparut au cercle de la reine-mère. On se disposait déjà aux fêtes magnifiques qui devaient avoir lieu pour le mariage de la princesse Henriette de France avec le roi d'Angleterre, et jamais la cour n'avait été plus gaie et plus brillante. Il y avait loin de ce luxe, de cette dissipation, aux saintes veilles, aux macérations du Carmel. La pieuse jeune femme eut peur de perdre dans ce tourbillon, où elle se sentait entraînée malgré elle, la ferveur qui l'animait; elle eut recours souvent à M. de Bérulle, afin qu'il la fortifiât par ses conseils et ses exhortations.

Le billet suivant qu'il lui adressa en réponse à ses inquiétudes, montre à quel degré de perfection elle était parvenue :

« Pauvre âme, jetez les yeux sur l'amour de Jésus-Christ, sur ce qu'il a fait et souffert pour vous. Il est encore subsistant et puissant pour renaître dans votre cœur. Je voudrais me réduire en cendres, en quelque chose de plus abject, et pouvoir conserver dans tout votre être cet amour naissant, vivant et mourant, naissant dans une crèche, vivant dans la pauvreté et mourant sur une croix, pour être aimé éternellement. N'auriez-vous pas d'amour pour cet amour? Seriez-vous, au contraire, susceptible d'affections étrangères, viles et périssables? »

Lorsque le duc de Buckingham eut quitté la France, emmenant sa nouvelle souveraine, le cardinal obtint pour lui et pour sa nièce un congé de quelques semaines. Mme de Combalet se rendit à Glénay où elle n'était pas rentrée depuis la mort de sa mère; durant l'automne qu'elle y passa, elle s'occupa de faire élever un tombeau à ses parents. Les artistes italiens qui furent chargés de ce travail, exécutèrent un véritable chef-d'œuvre; malheureusement, ce superbe mausolée a péri sous la hache révolutionnaire, et il n'en reste que d'informes débris.

En 1625, nous retrouvons la marquise dans l'hôtel de son oncle, l'aidant, avec cette noble dignité qui la caractérisait, à en faire les honneurs. Pour faire leur cour au cardinal, les courtisans s'empressaient autour de sa nièce. On se répétait bien tout bas qu'elle avait fait des vœux et ne s'appartenait plus; mais personne ne le voulait croire. Elle compta donc, dans ce premier hiver, bon nombre de prétendants à sa main; parmi eux se trouvait son ancien fiancé, le comte de Béthune. Il était demeuré longtemps en pays étranger, afin d'oublier la cruelle déception qui l'avait frappé; puis, sachant la mort de M. de Combalet, il était revenu apporter à sa fiancée d'autrefois, un cœur qui jamais n'avait battu que pour elle.

Richelieu voulut être lui-même, près de sa nièce, l'interprète des sentiments de celui que naguère il avait rejeté; elle parut fort émue de cette communication, et ses larmes furent d'abord sa seule réponse. Quels étaient au fond ses véritables sentiments? nul ne le sut. Dès qu'elle eut recouvré un peu de calme, elle dit à son oncle d'une voix ferme :

— Monseigneur, vous n'ignorez pas que j'ai fait vœu de n'être plus qu'à Dieu, je ne faillirai pas à ma promesse.

Le lendemain, la marquise, qui avait sollicité un congé, se retirait chez les Carmélites, afin d'y faire une retraite; son âme, fortement ébranlée, éprouvait un besoin pressant d'apaisement et de repos. Elle ne fut pas plus tôt dans cette chère communauté, qu'elle sentit de rechef un ardent désir d'y terminer ses jours. Elle écrivit donc à son oncle et à la reine, les suppliant de permettre qu'elle se fît religieuse. Mais Marie de Médicis, qui tenait presque autant que le cardinal à garder Mme de Combalet à la Cour, n'eut garde d'accéder à sa prière; l'un et l'autre agirent auprès du Souverain Pontife, et la Cour de Rome rédigea l'acte d'opposition dans la forme qui lui fut demandée. En présence d'une telle autorité, la novice dut obéir. Avant de quitter le couvent, elle mit à sa place une jeune fille sans fortune, dont elle paya la dot.

Au mois de juin 1626, son frère, circonvenu par une famille ambitieuse qui briguait l'honneur d'être alliée au puissant ministre, se maria; il avait à peine dix-huit ans. Voilà ce qu'un contemporain écrivait au sujet des deux époux :

« Elle est un peu folle, et ce Pontcourlay est un bossu bien ridicule, une véritable bête. »

Durant l'hiver 1627-28, Richelieu, nommé lieutenant général du roi, dirigeait lui-même le siège de La Rochelle, dernier boulevard du protestantisme en France; la marquise resta donc seule à la Cour. Quand son service le lui permettait, elle allait se délasser auprès de la marquise de Rambouillet, dont la fille, la belle Julie d'Angennes, lui inspirait une vive sympathie. L'hôtel de Rambouillet, rendez-vous d'une société intelligente et polie, offrait beaucoup de charmes à la nièce du cardinal, qui avait, ainsi que nous l'avons déjà dit, le goût des choses de l'esprit.

L'intérêt affectueux que Marie de Médicis avait, en plus d'une occasion, témoigné à sa dame d'atours, avait suscité des ennemies à cette dernière, et elles s'empressèrent de faire remarquer à la reine que Mme de Combalet, trouvant sans doute ailleurs une compagnie plus agréable que celle du Louvre, faisait de fréquentes absences. La reine-mère alors, très refroidie à l'égard de Richelieu, reporta sur la nièce de celui-ci tout le poids de son mécontentement, et la marquise s'abstint de reparaître dans le salon bleu de la belle Arthénice.

Le mauvais vouloir de Marie de Médicis ne fit que s'accentuer à la suite des événements survenus à cette époque; elle sentait que Richelieu échappait à sa dépendance et elle eût voulu que son fils le renvoyât. Tout faible qu'il était,

Louis XIII résistait; il appréciait le génie et le talent de son premier ministre, et il sentait vaguement qu'il lui était nécessaire pour le gouvernement du royaume.

Enfin, à la suite de nouvelles tentatives restées sans résultat, la reine-mère perdit patience; elle voulut, dans la mesure de son autorité, porter un premier coup à celui qu'elle souhaitait renverser. Elle lui retira la surintendance de sa maison et elle ordonna publiquement à Mme de Combalet, sa dame d'atours, au marquis de la Meilleraye, capitaine de ses gardes, à tous les parents de Richelieu, quels que fussent leurs emplois dans sa maison, de quitter son service. Mme de Combalet se soumit sans murmures et s'en alla aux Carmélites.

Aussitôt que le roi fut de retour à Paris, Marie de Médicis tenta un dernier effort pour perdre le cardinal; elle ne put rien obtenir. Alors elle dissimula son dépit si adroitement que son fils lui proposa de mettre en sa présence Richelieu et sa nièce, afin d'opérer une réconciliation. Au jour dit et à l'heure indiquée, Mme de Combalet se mit aux ordres du roi; il l'introduisit chez Marie de Médicis. La jeune femme se mit à genoux et, d'une façon très digne, elle supplia sa souveraine de lui rendre l'honneur de sa bienveillance; celle-ci montra tout d'abord une froideur de mauvais augure, puis l'impatience et le dépit y succédèrent, enfin elle laissa tomber de ses lèvres un torrent d'injures, injures grossières qu'alors on n'entendait qu'aux halles. Le roi, désolé d'une semblable scène, fit signe à la jeune femme de se retirer. Il reprocha sévèrement à sa mère de n'avoir point tenu la parole qu'elle lui avait donnée. Marie de Médicis répliqua « qu'elle n'avait que faire de se contraindre envers la Combalet, qui ne servait à rien dans l'État; quant au cardinal, elle était disposée à lui pardonner pour le bien des affaires. » Mais sa nature violente l'emporta une fois encore au delà des bornes; quand Richelieu fut en sa présence, respectueux et soumis, elle oublia ce qu'elle venait de promettre et, de même que sa nièce, il fut accablé de reproches sanglants et d'épithètes malsonnantes.

A l'issue de cette journée fameuse que l'histoire, à juste titre, a qualifiée de *journée des dupes*, le cardinal, que l'on croyait en disgrâce, se releva plus puissant que jamais : ses ennemis et ses ennemies furent exilés ou éloignés des charges de la Cour. Marie de Médicis elle-même reçut l'ordre de ne pas quitter Compiègne, qu'on lui assignait comme demeure ; elle s'échappa bientôt et gagna Bruxelles, où son humeur turbulente suscita des troubles et des dissensions.

Une foule de courtisans, de solliciteurs, s'empressèrent autour de Richelieu ; Mme de Combalet, elle aussi, devint naturellement l'objet de leurs hommages et de leurs attentions. Les peintres se disputaient l'honneur de faire son portrait, elle était d'ailleurs assez belle pour inspirer les artistes. Il convient de citer l'émail de Petitot, un portrait à l'huile de Philippe de Champaigne, plusieurs autres portraits gravés par les meilleurs artistes de l'époque. Toutes ces représentations de sa personne étaient accompagnées de vers louangeurs et hyperboliques, où les poètes célébraient à l'envi la beauté et les charmes de celle que l'on nommait tout bas *la Princesse-nièce*.

Nous citons les quatrains suivants :

L'ingénieux graveur, avec un faible trait,
Ne peut bien mettre au jour, dedans cette figure,
L'admirable beauté dont tu vois le portrait,
Qu'en nous représentant la vertu toute pure.

. . . .

On peut dire qu'Amour a gravé ce portrait,
Voyant tant de douceur dessus ce beau visage ;
Mais ne le croyez pas, car la Vertu l'a fait,
Et s'est peinte elle-même en faisant cet ouvrage.

Jules de la Mesnardière, auteur oublié aujourd'hui, composa pour elle une élégie pompeuse, dont nous extrayons les lignes ci-après :

Pour chanter tes vertus, divine Alcidiane,
J'ai quitté les fureurs de ma muse profane ;
Ces illustres vertus qui t'égalent aux dieux
M'ont servi de degrés pour monter jusqu'aux cieux,
Où le grand Apollon, par un nouvau miracle,
A transformé ma voix en celle d'un oracle.

. . . .

Je veux que ton beau nom vole par l'univers,
Et que les doctes sœurs, les filles de Mémoire,
Sur les ailes du Temps portent partout ta gloire;
Du soleil la nature emprunta les trésors,
De sa riche matière elle forma ton corps,
Et te fit comme un astre éclater sur la terre.

. . . .

Bien que l'œil soit ravi d'un si rare spectacle,
Que ce soit un chef-d'œuvre, un prodige, un miracle
Il cède à ton esprit, et ce n'est seulement
Que le lieu qui renferme un trésor plus charmant.

Si de ce beau palais l'admirable structure
Est le dernier effort des mains de la nature,
Ta belle âme qui tient un rang plus glorieux
Est l'ouvrage du ciel et la fille des dieux.

. . . .

Corneille lui dédia son premier ouvrage, *Mélite*, qui fut joué, pour la première fois, à l'Arsenal, dans une grande fête que Richelieu donna à la suite du mariage de ses cousines et à laquelle Anne d'Autriche voulut bien assister.

L'hiver 1630-31 se passa pour la marquise en divertissements de toute sorte : bals, concerts, comédies, etc. Comme elle apportait dans ces réunions la bonne grâce qui lui était habituelle, on en conclut qu'elle serait peut-être disposée à contracter une seconde union. Le Cardinal, partageant cette opinion, lui proposa le comte de Soissons; ce mariage lui agréait fort, car il eût fait sa nièce princesse du sang; Mme de Combalet l'arrêta dès les premiers mots, le suppliant de ne plus l'importuner à ce sujet, puisqu'elle était résolue à tenir à Dieu la promesse qu'elle avait faite librement.

En 1632, le premier ministre, dont la santé était fort précaire et qui ne se tenait debout que par un effort de son énergique volonté, tomba dangereusement malade à Bordeaux, pendant un voyage qu'il faisait avec la reine et toute la cour. A la nouvelle de cette maladie, Mme de Combalet qui était demeurée à Paris, fut dans des transes mortelles; elle fit faire dans toutes les églises et toutes les communautés de la capitale, des neuvaines pour le rétablissement de son oncle; elle-même passait ses journées en prières. Contre toute prévision, le Cardinal guérit.

Marie de Médicis, qui du fond de son exil était loin d'oublier ses projets de vengeance, sachant que Mme de Combalet était seule à Paris, soudoya des gens de sa maison et leur donna ordre d'enlever la marquise et de la conduire à Bruxelles. Grâce à la vigilance du capitaine du Plessis-Besançon, les émissaires furent arrêtés et mis en prison. A cette occasion, Louis XIII écrivit de sa main une lettre des plus obligeantes à Mme de Combalet, lui affirmant « qu'il serait allé lui-même en personne, avec une armée de cinq cents hommes, la délivrer, » si le complot avait réussi.

Malgré cette marque de faveur et les témoignages d'affection qui lui furent adressés, la marquise ne se sentit plus en sûreté ; les dangers qui, sans cesse, menaçaient la vie de son oncle et sa propre personne, lui causaient des inquiétudes mortelles, qu'elle ne parvenait pas à surmonter. Il lui fallait cependant paraître gaie et faire les honneurs de la maison de son oncle, soit à Paris, soit à Ruel, où il y avait constamment brillante compagnie.

La mort de sa tante, la marquise de Brézé, lui permit de rester un peu à l'écart et de ne plus paraître dans les réunions de gala. Elle avait toujours conservé un tendre attachement pour sa tante Nicole ; et elle s'occupa des orphelins, car le marquis, tout à ses galanteries, les délaissait un peu. Jusqu'au mariage de sa nièce, Claire de Brézé, qui épousa plus tard le prince de Condé, elle lui tint lieu de mère.

Son frère François lui donnait également beaucoup de soucis ; il aimait avec passion le luxe, les plaisirs faciles, ce qui, joint à son manque d'intelligence, l'entraînait dans des dépenses extravagantes. A différentes reprises, sa sœur l'avait aidé de sa bourse, l'exhortant à changer de vie. Il ne tint aucun compte de ses observations ; il s'endetta de telle sorte que Mme de Combalet dut instruire le Cardinal de ses déportements. Celui-ci consentit à payer les dettes de son neveu, mais en enjoignant à ce dernier de vendre l'hôtel fastueux qu'il avait acheté à Paris. Il exigea, en outre, que Mme de Pontcourlay, qui était incapable de tenir sa maison et d'élever ses enfants, allât avec ses deux filles habiter le château de Glénay, et laissât ses trois fils sous la direction de Mme de Combalet.

Anne d'Autriche, qui n'aimait ni Richelieu ni sa politique,

avait entretenu, au sujet des affaires d'Espagne, une correspondance des plus compromettantes; quelques-unes de ses lettres vinrent à tomber sous les yeux du premier ministre. Il fit alors opérer une perquisition chez la reine, et ses papiers furent saisis. Il lui fallut de plus faire amende honorable pour cette correspondance et promettre de ne plus retomber dans la même faute. Mme de Combalet, qui était fort dévouée à sa souveraine, eût voulu la soustraire à cette humiliation, mais le Cardinal demeura inflexible; il consentit seulement à abandonner la poursuite de l'affaire. Anne d'Autriche fut touchée de l'intervention de sa dame d'honneur et elle lui en garda un souvenir reconnaissant.

La marquise s'était constituée aussi la protectrice déclarée des gens de lettres. C'est à elle qu'ils s'adressaient pour obtenir le secours et la pension dont ils avaient besoin. Corneille, Molière, Voiture, etc., lui avaient mille obligations. Sans son intervention, Mlle de Gournay, la fille adoptive de Montaigne, parvenue à un âge avancé, fût morte de faim; elle fit donner à Scarron un bénéfice ecclésiastique qu'il sollicitait depuis longtemps.

Richelieu souhaitait ardemment que sa nièce, à laquelle il s'affectionnait chaque jour davantage, eût à la cour, après sa mort, une situation brillante, stable, analogue à celle que son crédit à lui-même lui assurait de son vivant. Il fit don à la marquise des domaines d'Aiguillon, près d'Agen; il obtint du roi que ces domaines fussent érigés en duché-pairie, en faveur de sa nièce. Les armoiries qui furent accordées à celle-ci étaient au premier et au quatrième, de *wignerod :* d'or à trois hures de sanglier de sable; au deuxième et au troisième, de *Richelieu :* d'argent à trois chevrons de gueule.

A partir du jour où le roi remit à la nouvelle duchesse le brevet qui lui conférait sa dignité, celle-ci renonça pour toujours à la vie religieuse qu'elle avait jusque-là espéré embrasser dans un avenir plus ou moins lointain. Elle comprit que d'importantes obligations, de grands devoirs étaient attachés à sa haute position, et elle résolut de les remplir avec courage et générosité. Elle s'était toujours montrée libérale et magnifique pour les œuvres de zèle, sa charité s'accrut encore; en 1627, elle avait contribué puissamment à établir au Canada une colonie française et surtout catholique. Dix ans plus tard, elle fournit une somme considérable pour fonder un hôpital à Québec. Elle soutenait et entretenait par sa générosité, que rien ne parvenait à lasser, les œuvres nombreuses entreprises par saint Vincent de Paul, *M. Vincent*, comme on disait alors. Ce fut sous la direction de ce saint prêtre qu'elle créa, en faveur des galériens malades, un hospice à Marseille. Son frère était général de galères dans cette ville, et elle voulait, par cette fondation, expier, en quelque sorte, la vie folle et dissipée qu'il y menait.

Marie de Médicis, qui avait pu, en mainte circonstance, apprécier la noblesse et la grandeur d'âme de sa dame d'atours, se ressouvint d'elle, dans sa détresse; elle était alors (1642) en Angleterre et dans un besoin pressant d'argent. Elle écrivit à la duchesse, pour la prier d'obtenir du Cardinal une pension; elle savait que celle-ci, oubliant de justes griefs, serait sa médiatrice. En effet, Richelieu envoya à la royale exilée, cent mille écus.

Cependant le premier ministre éprouvait à de fréquents intervalles de violentes attaques de fièvre qui minaient sa constitution ; grâce aux soins qui lui étaient prodigués, grâce surtout à son héroïque volonté, il triomphait du mal; mais d'année en année les souffrances devenaient plus aiguës, et les forces du grand homme d'État déclinaient d'une manière importante. Au mois de novembre 1641, il tomba pour ne plus se relever; la duchesse, saisie d'une angoisse inexprimable, s'installa au Palais-Cardinal, dans une chambre contiguë à celle qu'occupait l'illustre malade. Le 3 décembre, Richelieu reçut l'extrême-onction; les sentiments d'humilité, de repentir, qu'il fit paraître à cette occasion, contrastaient d'une façon saisissante avec la fierté et la hauteur, traits distinctifs de son caractère; aussi tous les assistants étaient-ils profondément touchés. La duchesse ne put supporter un tel spectacle, elle éclata en sanglots et elle dut se retirer pour que sa douleur ne troublât pas le mourant. Un peu après, elle rentra ; son oncle lui témoigna l'affection la plus vive et lui recommanda instamment de rester dans le monde, alors qu'il ne serait plus, et de prendre soin de l'éducation de ses neveux; puis, voyant combien elle était émue, il lui fit signe de s'éloigner.

Elle voulut néanmoins passer la nuit au chevet du malade;

cette nuit fut assez paisible, et le lendemain matin elle constata un mieux sensible ; ce n'était, hélas! que cette amélioration trompeuse, avant-courrière du trépas. Richelieu ne s'y méprit point : il dit à sa nièce, vers qui ses yeux se portaient souvent avec tendresse :

« Je vais mourir et je vous supplie de vous retirer, votre affliction m'attendrit. »

Elle eût voulu résister à cette prière, mais l'agonisant insista, et elle obéit.

Un peu après son départ, Armand de Richelieu, un des plus grands hommes qui aient honoré notre patrie, rendit son âme à Dieu. C'était le 4 décembre 1642.

Par son testament, il léguait à sa nièce la presque totalité de ses biens et de ses propriétés, lui laissant la tutelle des enfants de François de Pontcourlay, et l'administration des domaines qui, plus tard, devaient retourner à ceux-ci. Il croyait, par ces dispositions sagement mûries, assurer la tranquillité de sa chère nièce; il n'en fut rien. Le prince de Condé, époux de Mlle de Brézé, lui suscita des difficultés sans nombre et lui intenta plusieurs procès, qui durèrent de longues années.

Le petit Luxembourg, habitatien ordinaire de la duchesse d'Aiguillon, renfermait des merveilles de tout genre. Les tables de la galerie, chargées de statuettes de bronze, de coffrets richement ciselés, étaient en ébène, soutenues par des cariatides d'argent. Les chaises du même style avaient des incrustations d'ivoire formant des arabesques du goût le plus pur. Parmi les tableaux de maîtres qui ornaient la chambre ducale, on remarquait l'*Hérodiade*, de Léonard de Vincy; *la Madeleine*, du Guide; *Une Charité*, du Pérugin; *Saint Joseph et sainte Anne,* du Tintoret; *l'Adoration des Mages*, de Rubens, etc.

La duchesse se plaisait à faire elle-même les honneurs de ces richesses artistiques; un jour, elle trouva sur sa table le quatrain suivant, qu'elle avait inspiré à quelque poète :

De ce beau cabinet la richesse est extrême,
Mais de la contempler je n'ai pas le pouvoir,
Mes yeux sont divertis, et Philis elle-même,
Me le voulant montrer, m'empêche de le voir.

RUBENS

Dans la nuit du 16 juillet 1648, il y eut une horrible profanation commise dans l'église Saint-Sulpice, paroisse de la nièce de Richelieu; les vases sacrés furent enlevés et les hosties répandues sur le sol. Des prières furent ordonnées en expiation de ce forfait; on fit aussi des processions publiques, auxquelles assistèrent la reine, les princes et les princesses revêtues d'habits de deuil.

La duchesse voulut, dans cette circonstance, faire une aumône considérable; elle donna à la société des Missions 40,000 livres, afin d'envoyer deux prêtres à Alger, deux autres à Tunis, destinés à venir en aide aux captifs chrétiens.

La duchesse d'Aiguillon ne fut pas heureuse avec ses neveux, qu'elle aimait comme s'ils eussent été ses enfants : l'aîné, par les conseils du prince de Condé, fit un mariage peu avantageux; le second, à l'âge de vingt ans, épousa Mlle de Beauvais, fille de la première femme de chambre de la reine; c'était une mésalliance complète, car, avec le nom de leur oncle, et la considération dont jouissait la duchesse, ces jeunes gens eussent pu prétendre aux familles les plus illustres de France.

Mlle de Montpensier, dans ses mémoires, s'exprime sur ce mariage de la façon suivante :

« Il est bien vrai qu'elle (la duchesse) avait grand sujet de se plaindre de ce que l'un et l'autre de ses neveux n'avaient pas pris de bonnes et grandes alliances.... Tout ce qu'on peut dire là-dessus, c'est que si le cardinal de Richelieu pouvait voir de l'autre monde l'état où est tombée sa maison, je crois que ceux qu'il a persécutés en seraient assez vengés.... »

Blessée dans son cœur et dans sa fierté, la duchesse ne reparut plus au cercle de la reine, et peu à peu se retira du monde. Elle s'occupa, plus encore que par le passé, des œuvres de bienfaisance et de zèle, qu'elle s'était toujours plu à soutenir. C'est à son initiative que l'on doit l'établissement du grand hôpital de Paris. A cette époque, les mendiants, au nombre d'environ 40,000, erraient tout le jour à l'aventure; la nuit, ils se retiraient dans onze cours des Miracles où personne ne se fût avisé de pénétrer, formant une population sans règle ni frein qui menaçait à chaque instant la sécurité publique. Dans une assemblée de charité, la duchesse dit qu'il fallait essayer quelque chose pour remédier à de si grands abus. Elle sut intéresser à ses desseins saint Vincent de Paul, qu'aucune misère ne trouvait insensible. Sûre de ce concours, elle s'adressa à la reine, à Mazarin, sollicitant, implorant tous ceux qui, par leur position ou leur fortune, pouvaient lui venir en aide.

Cinq ans plus tard, en 1657, un vaste hôpital ou dépôt de mendicité était ouvert et recevait près de 50,000 pauvres arrachés au vice et à la misère.

C'est également par les soins de cette noble femme et grâce à ses largesses que partit de France une mission pour évangéliser les peuples de l'extrême Orient, et qu'un séminaire fut établi à Siam.

La mort de saint Vincent de Paul, arrivée en 1660, fit éprouver à la pieuse duchesse une véritable douleur; elle perdait un guide, un appui, un conseil, et elle comprenait qu'un semblable directeur était presque impossible à remplacer.

Elle fit exécuter un reliquaire de vermeil, en forme de cœur, surmonté d'une flamme, pour recevoir le cœur du saint prêtre, et elle l'offrit aux Lazaristes.

Le marquis de Richelieu mourut en 1663, recommandant ses enfants à la sollicitude de sa tante, avec laquelle il s'était réconcilié peu de temps auparavant. Deux ans plus tard, un autre de ses neveux, qui était dans les ordres sacrés, et dont elle n'avait jamais reçu que de la consolation, s'éteignit à la suite d'une longue maladie.

Il était fort pénible à la duchesse de voir disparaître ainsi les enfants qu'elle avait élevés, et cependant le calice n'était pas épuisé. Dans cette même année (1665) Mlle de Richelieu, sa nièce, fut atteinte d'un transport au cerveau; malgré les soins qui lui furent prodigués, elle succomba au bout de trois mois de cruelles souffrances. C'en était trop pour l'âme sensible de la duchesse; après ce nouveau deuil, elle tomba malade elle-même et ne se rétablit que fort lentement.

Elle reporta toute son affection sur la plus jeune de ses nièces, connue sous le nom de Mlle d'Agénois. Elle avait alors vingt-neuf ans, était très intelligente, généreuse, mais mobile et un peu fantasque. Elle avait été sur le point d'entrer en religion; toutefois sa vocation ne lui semblait pas bien certaine. Quand elle eut perdu sa sœur, elle résolut de rester toujours auprès de sa tante; celle-ci lui passait toutes ses fantaisies, et on l'accusait de la gâter un peu.

Au fur et à mesure qu'on avance dans la vie, on voit tant de tombes s'ouvrir autour de soi, que l'existence perd son charme; la duchesse devait éprouver ce sentiment dans toute son amertume. Après ses neveux et sa nièce, elle eut à pleurer sa vieille et fidèle amie, la marquise de Rambouillet; un peu plus tard, elle vit s'éteindre, à la suite d'une maladie de langueur, la fille de la marquise, Mme de Montausier, qu'elle aimait d'une ardente tendresse.

A partir de ce jour, elle ne quitta plus son hôtel. Depuis longtemps déjà elle ne sortait que pour aller à l'église ou visiter les pauvres, non pas dans son riche carrosse armorié, mais à pied et modestement vêtue. Elle assistait les mourants, servait de ses propres mains les filles repenties, dans l'asile que leur avait élevé Mme de Miramion, consolait les prisonniers, soignait les malades dans les hospices, sans être rebutée par leurs infirmités et la puanteur de leurs plaies, ou plutôt surmontant héroïquement, à cause de son amour pour Dieu, qu'elle voyait dans la personne du pauvre, les répugnances et les fausses délicatesses de la nature.

Ses vêtements avaient insensiblement changé de forme; dans les dernières années de sa vie, ils rappelaient, quant à la coupe et à l'étoffe, l'habit religieux. Le petit Luxembourg était également métamorphosé depuis le jour où Richelieu l'avait fait orner magnifiquement pour sa nièce. Les meubles précieux, les objets d'art, les riches tentures avaient été placés dans des garde-meubles; les appartements, naguère si bien décorés, servaient ou de magasins pour les ornements d'église que la duchesse envoyait aux campagnes et aux missions, ou d'atelier pour la confection des vêtements distribués aux pauvres, ou de laboratoire pour préparer les onguents et la charpie destinés aux malades et aux blessés.

Le 17 mai 1674, la duchesse se sentant plus mal rédigea son testament; elle instituait, comme légataire universelle, sa nièce Mlle d'Agénois, à qui elle laissait le duché-pairie d'Aiguillon, lui substituant la descendance de son neveu, le marquis de Richelieu; elle faisait un grand nombre de legs particuliers pour des œuvres pieuses et des fondations de bienfaisance.

Elle vécut encore onze mois, dans des souffrances continuelles qui n'altérèrent en rien sa patience et sa résignation.

Au moment de sa mort, elle reçut avec une consolation et une joie extrêmes la bénédiction apostolique, par les mains du nonce, le cardinal Spada. Après que la cérémonie de l'extrême-onction fut terminée, elle vit que tous les assistants fondaient en larmes, et elle s'écria, dans un transport d'humilité :

« Quoi ! vous pleurez. Ah ! ce n'est pas ce qu'il faut faire, il faut demander miséricorde pour cette grande pécheresse que je suis. »

Elle mourut à l'âge de soixante et onze ans, le 17 avril 1675 ; elle fut inhumée aux Carmélites, suivant le désir qu'elle en avait exprimé par son testament :

« Je désire être enterrée incontinent après ma mort, sans aucune cérémonie ni aucune tenture, au grand couvent des Carmélites, au lieu où la Révérende Mère Prieure l'ordonnera. »

N'ayant pu passer sa vie dans cette sainte maison où elle faisait de fréquentes retraites, elle voulut y dormir son dernier sommeil.

Nous pensons ne pouvoir mieux terminer cette courte biographie qu'en citant une phrase de l'oraison funèbre de la duchesse, par Fléchier, qui nous semble résumer à merveille cette admirable vie :

« Il est des âmes fidèles qui usent de la grandeur avec modération, des richesses avec miséricorde et de la vie avec un généreux mépris. »

FIN

TABLE

— Lille. Typ. J. Lefort. 1892. —

A LA MÊME LIBRAIRIE :

VOLUMES GRAND IN-8°

Prix broché : 4 francs.

...res d'un vieux marin (les); par A. S. de Doncourt.

...mar, suivi de : les Suites d'une vengeance; par Marie Emery.

Canada au commencement du XVIIIe siècle (le), ou Aventures d'un Français parmi les sauvages, recueillies et mises en ordre par Mme la comtesse Drohojowska. 4 gravures.

Dame de Saint-Ouen (la); par M. Langlois.

De la Loire aux Pyrénées; par la comtesse de la Grandville.

Fastes de la marine française (les) : *marine marchande, découvertes, explorations scientifiques*; par A. S de Doncourt.

Fastes de la marine française (les) : *marine militaire*; par le même.

Fastes militaires de la France (les); par le même.

Fils d'un prince (le), ou Récits d'un voyageur; par G. de la Chataignerie (Jeanne-France).

Grandes Entreprises au XIXe siècle (les); par A. S de Doncourt. 8 gravures.

Grandes Iles africaines orientales (les) : Madagascar, la Réunion, l'Ile de France; par Mme la comtesse Drohojowska, née Simon de Latreiche.

Histoire anecdotique des fêtes et jeux populaires au moyen âge; par Mlle Amory de Langerack.

Lions de mer (les), d'après Fenimore Cooper; par A. S de Doncourt.

Récits du foyer; par Mme Bourdon.

Récits d'un bon oncle sur l'Europe, l'Asie, l'Afrique, l'Amérique et l'Océanie; imités de l'anglais, par Mme de Montanclos. 25 gravures.

Robinson français (le); par Mme la comtesse Drohojowska. 4 gravures.

Souvenirs d'Histoire et de Littérature; par M Poujoulat.

Syrie (la) en 1860 et 1861 : Massacres du Liban et de Damas, et expédition française; par M. l'abbé Jobin.

Voyage au pays des caniches, ou Histoire des chiens célèbres; par M. C. Juranville. 28 gravures.

Voyage dans les Indes occidentales : traduit de l'anglais d'Angus Reach; par Mme Léontine Rousseau.

Lille. Typ. J. Lefort.

www.ingramcontent.com/pod-product-compliance
Ingram Content Group UK Ltd.
Pitfield, Milton Keynes, MK11 3LW, UK
UKHW020321230726
13925UKWH00002B/542